ENSINANDO SOBRE O HOLOCAUSTO NA ESCOLA

UNESCO
Representação no Brasil
Organização das Nações Unidas para a Educação, a Ciência e a Cultura

penso

Esta obra tem o apoio da UNESCO.
Os autores e editores agradecem à representação da UNESCO no Brasil pelo reconhecimento deste livro como contribuição para o ensino da história e dos direitos humanos.

P436e   Pereira, Nilton Mullet.
          Ensinando sobre o Holocausto na escola : informações e propostas para professores dos ensinos fundamental e médio / Nilton Mullet Pereira, Ilton Gitz. – Porto Alegre : Penso, 2014.
          104 p. : il. ; 25 cm.

          ISBN 978-85-65848-84-8

          1. Educação – Princípios de ensino. 2. História – Holocausto. 3. Segunda Guerra Mundial. I. Gitz, Ilton. II. Título.

          CDU 37.026:94(100)"1939/1945"

Catalogação na publicação: Ana Paula M. Magnus – CRB 10/2052

ENSINANDO SOBRE O HOLOCAUSTO NA ESCOLA

NILTON MULLET PEREIRA
Professor da área de Ensino de História da Universidade Federal do Rio Grande do Sul (UFRGS). Licenciado em História e Doutor em Educação.

ILTON GITZ
Professor da área de Cultura Judaica do Colégio Israelita Brasileiro. Licenciado em Geografia e Especialista em Educação Judaica pela Universidade Hebraica de Jerusalém.

Informações e propostas para professores dos ensinos fundamental e médio

penso

2014

© Penso Editora Ltda, 2014

Gerente editorial
Letícia Bispo de Lima

Colaboraram nesta edição:

Coordenadora editorial
Cláudia Bittencourt

Capa
Maurício Pamplona

Preparação do original
Mônica Ballejo Canto

Projeto e editoração
Armazém Digital® Editoração Eletrônica – Roberto Carlos Moreira Vieira

Reservados todos os direitos de publicação à
Penso Editora Ltda.
Av. Jerônimo de Ornelas, 670 – Santana
90040-340 – Porto Alegre, RS
Fone: (51) 3027-7000 Fax: (51) 3027-7070

É proibida a duplicação ou reprodução deste volume, no todo ou em parte,
sob quaisquer formas ou por quaisquer meios (eletrônico, mecânico, gravação,
fotocópia, distribuição na Web e outros), sem permissão expressa da Editora.

SÃO PAULO
Av. Embaixador Macedo Soares, 10.735 – Pavilhão 5
Cond. Espace Center – Vila Anastácio
05095-035 São Paulo SP
Fone: (11) 3665-1100 Fax: (11) 3667-1333

SAC 0800 703-3444 – www.grupoa.com.br

IMPRESSO NO BRASIL
PRINTED IN BRAZIL

Apresentação

No filme *Escritores da liberdade* (*Freedom Writers*, de 2007, com Hilary Swank), uma jovem e inexperiente professora de uma escola pública em Nova York assume uma turma especialmente problemática, com alunos repetentes e envolvidos em vários conflitos entre gangues. A história é baseada em fatos reais ocorridos com a professora Erin Gruwell e seus alunos e relatados no livro *The Freedom Writers Diaries* (*Diários dos escritores da liberdade*). Todos na escola, a começar pela diretora, diziam à professora que a turma não tinha jeito e que qualquer esforço para ensinar algo àqueles alunos seria tempo perdido. No começo, as coisas vão muito mal mesmo, mas, aos poucos, a novata e idealista professora irá construir uma nova realidade. Há uma cena no filme em que Erin Gruwell percebe que seus alunos se vangloriavam dos atos de violência e dos delitos que praticavam na guerra étnica das ruas entre brancos, negros, latinos e asiáticos. Então ela diz algo como: "Vocês acham que sabem o que é violência? Vocês pensam que são mesmo infratores perigosos? Pois então eu vou contar para vocês quais foram os maiores crimes de nossa época". E começa a falar dos nazistas e do Holocausto. O filme é muito bom e, por isso, não vou contar o que acontece. O desafio deste livro é o mesmo enfrentado por Erin Gruwell: relatar o maior de todos os crimes, lembrar o horror praticado pelos nazistas e contribuir para que todos os atos de intolerância, preconceito, humilhação e violência tenham cada vez menos espaço entre nós.

O que ocorreu no mundo durante a Segunda Guerra Mundial não pode ser esquecido. Há várias formas de contá-lo. Para se compreender a radicalidade do que ocorreu naquele período, poderíamos partir do que escreveu a filósofa alemã de origem judaica Hannah Arendt (1906-1975). Para ela, a experiência nazista – assim como o que ocorreu com o stalinismo na ex-URSS – assinala a emergência de um fenômeno político absolutamente novo na história, o totalitarismo. Com esse conceito, Hannah Arendt procura designar a pretensão alucinada de domínio total sobre as pessoas, de negação da pluralidade que caracteriza a condição humana e da submissão completa da vida social à Razão do Estado. O totalitarismo, assim, seria algo muito mais grave e ameaçador do que uma ditadura e sua marca característica, para Arendt, ele é o campo de concentração.

O pensamento de Hannah Arendt, entretanto, foi muito mais fundo na análise do que chamou de "mal radical". Em 1961, ela cobriu para a revista *The New Yorker* o famoso julgamento do ex-criminoso de guerra Adolf Eichmann, em Jerusalém. O conjunto de textos que ela elaborou para a revista deu origem ao livro *Eichmann em Jerusalém*. Eichmann havia sido o responsável pela organização do aparato logístico necessário ao transporte dos judeus da Europa ocupada em direção aos campos de concentração. Observando o julgamento, Hannah Arendt concluiu que Eichmann não era um "monstro". Ele havia feito, é claro, coisas monstruosas e merecia ser condenado por isso, mas Eichmann era um sujeito comum, igual a tantos outros; um típico funcionário público alemão, um burocrata cumpridor de ordens, incapaz de pensar sobre o significado do que estava fazendo, mas não "um demônio".

Essa posição lhe valeu muitos incômodos, inclusive críticas virulentas de organizações judaicas. Arendt havia percebido algo especialmente incômodo: o mal radical, a maior atrocidade que o mundo já conhecera, o Holocausto, havia sido obra de pessoas normais. Horrivelmente normais, ela diria. Essas pessoas – que eram cidadãos cumpridores de seus deveres e bons pais de família – só foram capazes de cometer as barbaridades que cometeram porque não refletiram sobre o significado daquelas ações. Do que Hannah Arendt deduz que o mal é o resultado da ausência de reflexão. Sempre que as pessoas estiverem predispostas a não pensar, a não refletir sobre suas ações, estarão mais próximas do mal, da possibilidade do horror. Para sintetizar essa posição – segundo a qual os crimes mais monstruosos são o resultado da ação de pessoas comuns –, Hannah Arendt cunhou a expressão "banalidade do mal". Há outro filme, também muito bom, chamado *O leitor* (*The Reader*, de 2008), que é muito ilustrativo a respeito do fenômeno da banalidade do mal. Ele conta a história do jovem alemão Michael Berg, que se inicia sexualmente com uma mulher mais velha, Hanna Schmitz, em 1958. O caso termina e a mulher desaparece da vida do garoto, até que, alguns anos depois, quando ele está na faculdade de Direito, ele a encontra em um julgamento. Ela está no banco dos réus, acusada de ter trabalhado para a SS (sigla de *Schutzstaffel*, "Tropa de Proteção", grupo paramilitar do Partido Nazista) durante a Segunda Guerra e de ter cometido crimes gravíssimos contra os judeus. Vale a pena assistir e pensar sobre.

Os horrores do Holocausto e a experiência do totalitarismo também serviram para que pessoas comuns se destacassem da maioria por gestos simples, mas especialmente corajosos, de resistência e dignidade. Pode-se dizer isso, inicialmente, de todos aqueles que pegaram em armas para combater o nazismo. Não apenas os que o fizeram em unidades militares na guerra convencional, mas os que correram riscos muito maiores em ações de guerrilha e sabotagem contra os invasores nas nações ocupadas. O caso da Resistência Francesa (*La Résistance*) é apenas o mais conhecido. Ele significou a decisão de não aceitar a postura vergonhosa do Estado francês – Marechal Petáin à frente – de colaborar com a ocupação nazista. O fenômeno do "colaboracionismo", que até hoje desonra os franceses, foi contrastado pelos *partisans* (partidários, em francês) que tomaram a decisão de lutar, a partir de ações de guerrilha e sabotagens. Mas há que se lembrar sempre de muitos outros resistentes e de gestos de coragem, como aqueles que tornaram possível a revolta do "Gueto de Varsóvia", para citar apenas um exemplo. Em todos os países ocupados, os nazistas isolavam os judeus em "guetos", áreas minúsculas nas cidades, onde as pessoas eram amontoadas nas piores condições possíveis e sem autorização para sair. Muitos moradores dos guetos morriam por doenças ou de fome (as rações diárias para judeus eram de 184 kcal) antes de serem embarcados nos trens em direção aos campos de concentração. Em Varsóvia, na Polônia, os nazistas montaram o maior de todos os guetos europeus, com uma população que chegou a 380 mil pessoas confinadas, grande parte delas assassinadas no campo de Treblinka. Em 1943, os judeus remanescentes no Gueto de Varsóvia, entretanto, entenderam que era preferível morrer lutando contra os nazistas. Iniciaram uma revolta que surpreendeu os alemães e que foi por fim massacrada por Hitler.

    O Holocausto não é algo que diga respeito apenas aos judeus. É algo que diz respeito a todos os seres humanos e que sempre irá nos acompanhar. Ele jamais ocorreria se a maioria das pessoas, não apenas a maioria dos alemães, não tivesse sido omissa. Os aliados sabiam dos campos de concentração e poderiam ter bombardeado as linhas férreas usadas pelos alemães para o transporte dos judeus, mas não o fizeram. Em julho de 1942, o governo polonês, no exílio em Londres, divulgou informações a respeito do massacre de 700 mil judeus desde a invasão alemã e mencionou o uso de caminhões de gás em Chelmno. Um judeu socialista, Szmul Zygielborjm, que havia fugido da Polônia, fez uma declaração na BBC, dirigida ao mundo inteiro, testemunhando esses fatos aterrorizantes e suplicando que os governos do mundo livre impedissem o horror completo que seria o extermínio de um povo inteiro. Apelos desse tipo simplesmente não foram ouvidos. As Igrejas sabiam do projeto da eutanásia de Hitler antes de ele ser colocado em prática e, como regra, calaram. Assim, o extermínio de crianças com retardo mental, austríacas e alemãs, e também de alguns doentes físicos, começou no fim do verão de 1939, antes mesmo da ordem de Hitler ter sido assinada. Em outubro daquele ano, o programa estava em pleno funcionamento. Gitta Sereny, em seu magistral livro *No meio das trevas* (*Into that Darkness*), relata:

> O primeiro a falar foi o bispo protestante de Wuetemberg, Theophil Wurn, que dirigiu em 19 de março de 1940 uma indignada carta de protesto ao Dr. Fick, ministro do interior. Mesmo nesse momento – quando dezenas de milhares de mortes já haviam ocorrido – o Vaticano calou-se. [...] Em 27 de novembro de 1940, um ano e dois meses após ter sido oficialmente iniciado o plano de Eutanásia, o Santo Ofício reuniu-se em conclave para redigir sua primeira declaração oficial sobre o assunto. Mas mesmo essa declaração, redigida em termos os mais moderados [...] foi mencionada somente uma vez, em latim, na Rádio do Vaticano (no dia 2 de dezembro) e também em latim no Osservatore Romano de 6 de dezembro. Permaneceu, pois, praticamente ignorada na Alemanha.

O silêncio diante do mal, a omissão criminosa de tantos que poderiam ter feito algo, mas que julgaram mais conveniente "não se incomodar", também respondem pelo horror do Holocausto. São atitudes que, como diria Hannah Arendt, "não se pode punir, nem perdoar".

Todo este balanço tem especial importância no Brasil de hoje. Vivemos, como é sabido, em um país que tem sérios problemas de violações aos direitos humanos. Trata-se de uma realidade muito ampla e complexa de violência, preconceitos e humilhações que só se mantém porque o Estado não os seleciona como problemas centrais a serem superados e porque grande parte dos brasileiros não os considera especialmente graves.

Observe-se a reação média diante da tortura, por exemplo. Como regra, a depender do perfil das vítimas, há um enorme espaço no Brasil para a legitimação dessa prática que assinala um dos crimes mais graves que se pode conceber. Segundo algumas pesquisas, aproximadamente um terço dos brasileiros estaria disposto a apoiar a tortura como método de produção de prova em processos criminais. Um resultado que, sem dúvida, diz muito sobre o Brasil. Problemas do tipo se repetem sempre que se debate a responsabilidade pela tortura na época da Ditadura Militar, e chegamos ao ponto em que o próprio Supremo Tribunal Federal (STF) julgou que a autoanistia concedida pelos militares aos que torturaram, estupraram, mataram e sumiram com os cadáveres de presos políticos é plenamente válida, contrariando-se, assim, os preceitos internacionais mais elementares a respeito dos direitos fundamentais, sob o aplauso ou o silêncio cúmplice dos chamados "formadores de opinião".

A realidade à qual me refiro, é claro, não diz respeito apenas ao nosso passado recente. Tome-se o exemplo da realidade das nossas crianças, para começar. Quantas delas seguem nas ruas expostas a todo tipo de ameaças? Quantas dessas que se deslocam em meio à fumaça dos carros, como equilibristas nos semáforos, não estão ali exatamente porque correm mais perigo em suas casas? Quantas são as crianças brasileiras espancadas a cada dia por aqueles que deveriam educá-las e protegê-las? Há quem se preocupe com problemas desse tipo, mas muitos estão dispostos a justificar a violência dos pais, como se as crianças não possuíssem direitos.

Olhemos para o racismo persistente. Nosso País foi o último a abolir a escravidão, e essa vergonha durou mais de três séculos entre nós. Como resultado, a miséria no Brasil sempre teve cor. Os negros são a grande maioria entre os extremamente pobres, sobretudo porque são os herdeiros de uma maldade histórica que nunca poderá ser inteiramente descrita. Ainda hoje, os negros brasileiros só recebem atenção especial das polícias: eles são os suspeitos de sempre, os primeiros a serem abordados e revistados, aqueles que não devem merecer o mesmo respeito e consideração. Mas há formas sutis de racismo, como o sequestro da imagem negra e a supressão da história desse povo. Coisas assim vão se afirmando quando olhamos TV, por exemplo. Quantos apresentadores da TV brasileira são negros? Você se lembra de algum? Quantos comerciais divulgados pela TV são feitos por atores negros? E bonecas, você lembra do nome de uma boneca negra?

Ser mulher no Brasil também não é nada fácil. Continuamos sendo um país machista, onde homens covardes se julgam no direito de bater em suas mulheres ou namoradas. Em várias dessas ocorrências, as cenas de violência contra as mulheres resultam em assassinatos. Segundo o *Anuário da Mulher Brasileira* de 2011, quatro em cada dez mulheres já foram vítimas de violência doméstica no Brasil.

E a homofobia? Homofóbica é aquela pessoa que tem preconceitos contra os homossexuais e que, além disso, pratica atos de discriminação contra esse grupo de pessoas. No Brasil, centenas de homossexuais são assassinados a cada ano pelo fato de serem homossexuais. Esses crimes são acompanhados, via de regra, por manifestações de ódio que envolvem, por exemplo, mutilações do cadáver, destacadamente dos órgãos genitais. De uns anos para cá, à medida que o movimento de defesa dos direitos civis dos homossexuais vem crescendo e se tornado mais visível, aumentou também o número de ocorrências homofóbicas. Cenas de homossexuais sendo agredidos na rua, por exemplo, têm se repetido, sem que tais episódios deflagrem verdadeira indignação pública.

Esses são, é claro, apenas alguns exemplos do que há de inaceitável entre nós. A lista é muito longa e poderia continuar com relatos dramáticos sobre a tortura que se prolonga pelos presídios e delegacias de polícia, pelo desprezo sistemático de nossas elites políticas e econômicas diante do genocídio das juventudes das periferias, esmagadas pelo tráfico, pela repressão e por uma guerra que parece não ter fim, entre muitos outros temas.

Lembrando outro filósofo, Jean Paul Sartre, penso que o importante é aquilo que fazemos com aquilo que fizeram de nós. O Brasil do futuro está sendo decidido hoje, em cada uma das ações e omissões cotidianas. Ele irá se delinear de forma mais justa na medida em que formos capazes de consolidar a experiência democrática e aumentar os níveis de consciência política. Democracia, afinal, é o nome que damos a um ideal político pelo qual a cidadania exerce efetivo protagonismo. Vale dizer: a democracia existe substantivamente quando as pessoas exercitam seus direitos e influem nos processos de tomada de decisão que ocorrem na cena pública. No Brasil de hoje, vivemos uma democracia sem política. Uma experiência que nos assegura formalmente direitos fundamentais – o que é muito importante –, mas que não foi capaz, ainda, de generalizar uma conduta cidadã. É preciso começar com nossas crianças e jovens. Também por isso, a escola é tão importante.

Este livro, com certeza, contribuirá para que tenhamos, no futuro, mais cidadãos e cidadãs. O que será muito melhor do que se tivermos mais consumidores apenas.

Marcos Rolim
Jornalista e sociólogo. Professor no Centro Universitário Metodista (IPA).
Coordenador da Assessoria de Comunicação
Social do Tribunal de Contas do Estado (TCE-RS).
Consultor na área de segurança pública. Foi vereador, deputado estadual e deputado federal com reconhecida atuação na área dos direitos humanos.
Autor, entre outros livros de: *A síndrome da Rainha Vermelha: policiamento e segurança pública no século XXI* (Zahar, 2006) e *Bullying: o pesadelo da escola* (Dom Quixote, 2010).

PARA PESQUISAR

ARENDT, H. *Eichmann em Jerusalém*: um relato sobre a banalidade do mal. São Paulo: Companhia das Letras, 1999.

Sequestrado num subúrbio de Buenos Aires por um comando israelense, Adolf Eichmann é levado para Jerusalém, para o que deveria ser o maior julgamento de um carrasco nazista depois do tribunal de Nuremberg. Mas o curso do processo produz um efeito discrepante – no lugar do monstro impenitente por que todos esperavam, vê-se um funcionário mediano, um arrivista medíocre, incapaz de refletir sobre seus atos ou de fugir aos clichês burocráticos. É justamente aí que o olhar lúcido de Hannah Arendt descobre o "coração das trevas", a ameaça maior às sociedades democráticas – a confluência de capacidade destrutiva e burocratização da vida pública, expressa no famoso conceito de "banalidade do mal". Em uma mescla de jornalismo político e reflexão filosófica, Arendt toca em todos os temas que vêm à baila sempre que um novo morticínio vem abalar os lugares-comuns da política e da diplomacia.

SERENY, G. *No meio das trevas*: da eutanásia ao assassinato em massa: um exame de consciência. Rio de Janeiro: Otto Pierre, 1981.

A partir de entrevistas feitas com Franz Stangl, diretor dos campos de extermínio de Trebkinka e Sobibor, a autora analisa como foi possível que os horrores da Segunda Guerra Mundial fossem aceitos como normais e tivessem a participação de gente que não partilhava do ideário nazista. Analisa também a responsabilidade da igreja católica pelo prolongado silêncio quanto ao Holocausto.

Prefácio

Este livro é destinado aos professores que desejam trabalhar com o tema do Holocausto em sua sala de aula. Nesse sentido, foi pensado com a seguinte organização:

- Um *texto principal*, que aborda uma série de temas relacionados ao Holocausto, apresentando elementos conceituais e históricos, procurando pensar o Holocausto no âmbito de políticas de exclusão e preconceito que permeiam as sociedades ocidentais ainda nos tempos atuais.
- *Proposta de Atividade* sugere atividades que o professor poderá utilizar em sala de aula. Tais atividades funcionam como sugestões que podem ser modificadas, ampliadas ou reduzidas, sempre em uma tentativa de pensar questões contemporâneas relacionadas ao Holocausto.
- *Para Ver* sugere filmes que servem tanto ao docente quanto para este oferecer aos alunos como material pedagógico.
- *Para Pesquisar* contém sugestões de aprofundamento bibliográfico ao professor.
- *Para Pensar* contém destaques com temas para debates.
- *Você Sabia?* Informações extras que complementam o texto.

O objetivo que move esta publicação é pensar o Holocausto como um evento da história da humanidade que não se reduz a um tema apenas judaico, mas como uma questão da nossa sociedade, da época da Segunda Guerra e do mundo de hoje. Nesse sentido, o Holocausto é visto como um problema que ultrapassa os limites temporais da guerra ou mesmo as fronteiras étnicas ou políticas, revelando-se um objeto necessário de estudo para permitir compreender questões da nossa sociedade atual relacionadas ao preconceito, ao racismo e ao desrespeito à diferença. É por esse ângulo que pensamos ser o conteúdo histórico que apresentamos aqui um disparador de debates sobre temas como *bullying*, violência homofóbica, violência na escola e outras formas de intolerância com que convivemos diariamente. Ainda que, inegavelmente, muito se tenha avançado em termos de respeito ao outro, muito ainda há que se fazer, sobretudo no espaço da escola, para redefinir os parâmetros da nossa memória. Além do mais, o tema das ditaduras e dos legados que as diferentes ditaduras deixaram para o mundo ocidental, para a América Latina e para o Brasil em particular, pode muito bem ser abordado a partir da experiência do Holocausto, abrindo caminho para uma atenção cada vez maior na sala de aula de História à nossa história recente e às vidas que sofreram sob os regimes ditatoriais no século XX.

Sumário

1. Ensinar história – as razões 17
2. Holocausto – o conceito 23
3. Nazismo – a emergência 25
4. Nazismo – a ideologia 35
5. Políticas de exclusão – o início 41
6. Políticas de exclusão – os guetos 45
7. Políticas de exclusão – os campos de concentração 51
8. Nazismo – estratégias de resistência 59
9. Genocídio – o conceito 63
10. Holocausto – a reação 67
11. O Brasil na época do nazismo 71

Conclusão 75
Glossário 77
Filmografia 83
Referências 95
Apêndices 97

Capítulo 1

Ensinar história – as razões

Perguntamo-nos por que dispensar importância ao tema do Holocausto nos currículos de História dos ensinos fundamental e médio, e a resposta que se apresenta mais rapidamente é o fato de que a história, na escola, é um modo de ensinar conceitos que instrumentalizam as novas gerações para compreender o mundo em que vivem e a tomar decisões nesse mundo: em uma palavra, a escolher. Escolher sobre como se poderá produzir futuros, sobre como desenhar possibilidades de vida. Na esteira desse objetivo, o tema do Holocausto permite pensar as decisões no mundo presente e propor outros mundos possíveis, desde já despidos da intolerância, do preconceito e do ódio racial.

> **PARA PENSAR**
> É possível ocorrer novamente?

A racionalidade que criou e deu condições de existência ao Holocausto não desapareceu, ainda vigora no mundo moderno. O Holocausto é moderno em todos os seus contornos. As práticas de ódio ao outro não desapareceram, apenas tomaram outras formas na atualidade. Se é difícil imaginar, nos dias de hoje, um racismo biológico sendo propagandeado aos quatro cantos, como o fizeram os nazistas, é possível pensar em novas formas de ódio e discriminação e igualmente outras maneiras de manifestação das práticas racistas. A suposição de um pensamento único, domesticado pelos modelos que impedem a diferença de manifestar-se, ainda dá vazão a uma série de manifestações preconceituosas em relação a tudo o que parece fora da norma.

Desse modo, o estudo do Holocausto se justifica porque quem ensina a história o faz sempre a partir de um conteúdo do passado, mas com um objetivo que se estende ao futuro. Estudar o passado é um modo de romper com o presente, com o estado atual das coisas, mas, sobretudo, de produzir a novidade (o futuro), de criar "novos mundos possíveis". Mundos nos quais não haja modelos, tipos ou normas predeterminadas, que estabeleçam como cada um deve viver sua própria vida. Somente uma sociedade plural, pensada como espaço de trânsito contínuo da diferença, é que pode livrar-se do amálgama legado pelo nazismo. E é nessa sociedade

homofobia
Atitudes ou sentimentos pejorativos em relação aos homossexuais, que consistem em demonstração de preconceito ou aversão, na forma da violência física ou verbal.

sexista
É uma forma de discriminação, que consiste na marginalização ou mesmo na exclusão de pessoas ou grupos com base em seu sexo.

antissemita
Pessoa com preconceito contra os judeus.

plural que manifestações **homofóbicas**, **sexistas**, **antissemitas**, racistas ou de qualquer outro gênero podem já ter deixado de existir.

O "breve século XX", que deveria guardar os padrões mais altos da civilização ocidental em termos de liberdade e dos "direitos naturais do homem", nos ensinou que as práticas de intolerância não estavam guardadas no passado perdido dos oitocentos ou nos autos de fé da inquisição moderna.

O estudo do Holocausto é, ao mesmo tempo, um fim e um meio. Um fim porque se trata de um conteúdo de destaque na história contemporânea; um meio porque permite pensar questões que ainda hoje, com bastante intensidade, fazem parte do cotidiano da sociedade brasileira e ocidental.

O papel dos ensinos fundamental e médio é de significativa importância, uma vez que o processo educativo é um dos modos que podem permitir conceber uma sociedade que valoriza a diferença. O ensino de História torna-se um momento em que a cena da diferença e, ao mesmo tempo, dos direitos à diferença desfilam e se apresentam no teatro da vida.

O propósito de ensinar o Holocausto nos ensinos fundamental e médio não é criar novos valores universais, mas levar os estudantes a pensar sobre como será seu futuro e como é seu presente, em uma sociedade na qual é preciso construir relações humanas que excluam o esmagamento do outro, a depreciação do outro, o extermínio do outro.

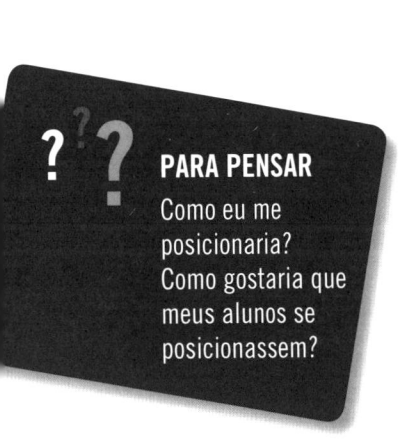

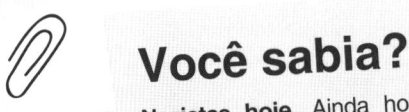

PARA PENSAR
Como eu me posicionaria? Como gostaria que meus alunos se posicionassem?

Você sabia?
Nazistas hoje. Ainda hoje existem espalhados por todo o mundo, particularmente no Brasil, grupos de jovens que se intitulam nazistas e, desse modo, promovem tanto a discriminação quanto atos de violência contra homossexuais, judeus, negros e outros.

PROPOSTA DE ATIVIDADE

Pesquisa

1. Sugere-se que os estudantes investiguem na internet as seguintes notícias:
   a) Manifestações de neonazistas.
   b) Práticas racistas no futebol.
   c) Práticas homofóbicas.
2. Sugere-se que os estudantes olhem para a sua sala de aula e para a sua escola, bem como para a sua vizinhança – o bairro, a rua – e identifiquem práticas discriminatórias. Os estudantes deverão apresentar o resultado da pesquisa na forma de relato textual.
3. Uma vez feitas as pesquisas, sugere-se que o professor realize um SEMINÁRIO sobre o tema discriminação na sociedade atual.
4. Nesse seminário, os estudantes apresentarão o trabalho de investigação por meio de formas diversas de expressão – cartazes, poemas, música, textos, etc., a fim de suscitar o debate.

PARA VER

Bent

Sean Mathias
Reino Unido
1997

Clive Owen interpreta um *gay* levado a um campo de concentração e que tenta esconder sua homossexualidade usando uma estrela amarela, que era a forma de identificar judeus, em vez do triângulo rosa usado para marcar os homossexuais. Lá ele se apaixona por Horst, um prisioneiro que usa com orgulho seu triângulo rosa.

(Continua)

PARA VER

(*Continuação*)

Botas de aço (*Steel toes*)

Mark Adam
David Gow
Canadá
2006

Danny Dunkleman, um advogado judeu liberal, é designado pelo tribunal para representar Mike Downey, um *skinhead* neonazista julgado pelo assassinato de um imigrante indiano por motivações raciais. Ao longo da trama, o espectador é envolvido pela tensa e tumultuada relação que se desenvolve entre esses dois homens e as enormes diferenças entre suas respectivas formas de pensar, agir e sentir. *Botas de aço* é uma intensa viagem pelas zonas mais obscuras da mente e do coração do *skinhead* Mike e das dificuldades do advogado humanista em superar seus próprios preconceitos para defender seu cliente. Mais do que um filme para entreter, é uma provocadora exploração da inescapável e pérfida presença da intolerância religiosa e racial na sociedade.

Outra história americana, A (*American history X*)

Tony Kaye
Estados Unidos
1998

Derek busca vazão para suas agruras tornando-se líder de uma gangue de racistas. A violência o leva a um assassinato, e ele é condenado pelo crime. Três anos mais tarde, Derek sai da prisão e tem de convencer seu irmão, que está prestes a assumir a liderança do grupo, a não trilhar o mesmo caminho.

PARA PESQUISAR

MILMAN, L.; VIZENTINI, P. F. (Org.). *Neonazismo, negacionismo e extremismo político*. Porto Alegre: UFRGS, 2000.

O livro reúne os artigos que serviram de base para as conferências proferidas durante o Simpósio Internacional sobre Neonazismo, Revisionismo e Extremismo Político, realizado em agosto de 2000. O Simpósio foi organizado pelo Instituto Latino-Americano de Estudos Avançados, da Universidade Federal do Rio Grande do Sul, programas de pós--graduação em Comunicação e Informação e em História (UFRGS) e pelo Movimento de Justiça e Direitos Humanos, e discutiu o problema do revisionismo ou a negação do Holocausto.

VIDAL-NAQUET, P. *Os assassinos da memória*: o revisionismo na história. Campinas: Papirus, 1988.

O livro analisa o revisionismo como a anatomia de uma mentira e procura desconstituir os argumentos dos defensores do revisionismo.

Capítulo 2

Holocausto – o conceito

O termo Holocausto é utilizado para denominar a destruição sistemática da população judaica europeia, levada a efeito pelos nazistas no período da Segunda Guerra Mundial. O conceito deriva do termo grego *holókauston*, tradução do termo bíblico hebraico *olá*, que era o sacrifício a Deus. Nesse ritual, o sacrifício era totalmente consumido pelo fogo.

O termo Holocausto foi difundido principalmente na década de 1950. Atualmente, em vários países, vem sendo utilizado o termo *Shoah* para designar o acontecimento em questão. *Shoah* é uma palavra que vem do hebraico e que é utilizada na Bíblia para designar um cataclismo terrível. Essa palavra foi utilizada pela primeira vez em Jerusalém em 1940, em um folheto publicado pelo Comitê Unido de Ajuda aos Judeus na Polônia, em que se incluíam testemunhos e documentos que mostravam a perseguição sistemática contra os judeus na Polônia desde setembro de 1939. A adoção desse termo foi amplamente divulgada com o sucesso do documentário *Shoah* (1985), de Claude Lanzman.

PROPOSTA DE ATIVIDADE

Roda de conversa

1. Ainda antes de falar sobre o tema e oferecer textos e documentos para estudo, sugere-se que o professor faça uma roda de conversa sobre os conceitos de Holocausto, **Shoah** e **genocídio**.
2. Nessa roda de conversa, o professor escuta os estudantes no sentido de conhecer o que sabem sobre os conceitos.
3. Como resultado da roda de conversa, os alunos, em grupos, criam cartazes que expressem as definições prévias de Holocausto, *Shoah* e genocídio.
4. O professor entrega à turma um texto didático para alimentar um debate entre os conceitos e as definições prévias dos estudantes.
5. Ao final, os alunos respondem à seguinte pergunta: "O que eu aprendi sobre os conceitos de Holocausto, *Shoah* e genocídio?".

Shoah
Termo utilizado para designar o Holocausto judaico.

genocídio
Consiste na destruição total ou parcial de um grupo nacional, étnico, racial ou religioso. Pode-se falar, por exemplo, de um genocídio de povos indígenas no Brasil.

PARA VER

Shoah

Claude Lanzmann
França
1985

Dirigido por Claude Lanzmann, *Shoah* é um documentário sobre o Holocausto feito sem a utilização de uma única imagem de arquivo. Original de 1965, o filme foi relançado em 2012. O documentário apresenta depoimentos de sobreviventes de Chelmno, dos campos de Auschwitz, Treblinka e Sobibor, e do Gueto de Varsóvia, bem como entrevistas com ex-oficiais nazistas e maquinistas que conduziam os trens da morte. Esses documentos foram registrados com a colaboração de três intérpretes – Barbara Janicka, Francine Kaufman e a senhora Apfelbaum. O resultado dessas conversas é um retrato do genocídio nazista.

PARA PESQUISAR

HART, M. A sociedade mundial de controle. In: ALLIEZ, E. (Org.). *Gilles Deleuze*: uma vida filosófica. Rio de Janeiro: 34, 2000. p. 357-372.

O artigo discute, a partir dos escritos de Gilles Deleuze, o conceito de Sociedade de Controle, realizando uma leitura da sociedade contemporânea.

NEGRI, R.; HART, M. *Império*. Rio de Janeiro: Record, 2001.

Antonio Negri, filósofo e cientista político italiano, e Michael Hardt, estudioso da obra de Deleuze, elaboram um sofisticado conceito de política e procuram compreender as transformações das sociedades chamadas pós-modernas.

Portal Unesco

http://portal.unesco.org/education/en/ev.php-URL_ID=57734&URL_DO=DO_TOPIC& URL_SECTION=201.html

http://portal.unesco.org/education/en/ev.php-URL_ID=57737&URL_DO=DO_TOPIC& URL_SECTION=201.html

Capítulo 3
Nazismo – a emergência

O breve século XX foi palco da emergência de ideologias que pregavam o **totalitarismo**, o **chauvinismo** e o racismo, mas, ao mesmo tempo, assistiu o recrudescimento das lutas por **igualdade social**, o **internacionalismo proletário** e o **socialismo**.

Para revisar o conjunto de fatores que explicam as origens do nacional-socialismo na Alemanha, é preciso se reportar a três importantes conjuntos de causas.

Em primeiro, os efeitos da Primeira Guerra Mundial (acontecimento que, na leitura de Hobsbawm [1995], inaugura esse século de extremos), uma guerra imperialista que procurou reorganizar o mapa europeu, mas deixou contendas e distensões ainda abertas. O final da guerra tem como ponto crucial o fato de que a Alemanha é levada a assinar o que ficou conhecido como a Paz dos Vencedores, o **Tratado de Versalhes**. Esse tratado, assinado sem o apoio dos Estados Unidos, responsabiliza a Alemanha pela guerra e impõe-lhe uma série de punições, fazendo-a pagar pesadas indenizações, desarmar-se e fazer concessões territoriais. A assinatura do Tratado pela República de Weimar foi utilizada pela propaganda nazista como forma de denúncia de que os governantes da República teriam permitido uma profunda ferida no orgulho do povo alemão.

Em segundo lugar, a emergência do nazismo, assim como dos **fascismos** na Europa, está relacionada à crise dos valores da **sociedade liberal**. Tratou-se de uma crise do sistema capitalista em todos os seus contornos, não apenas no plano econômico – na medida em que a superprodução norte-americana, paradoxalmente, resultou na crise financeira e na crise social, esta representada, sobretudo,

---

totalitarismo
Característica de governos ditatoriais, que concentram o poder no Estado e na figura de um líder.

chauvinismo
Patriotismo exagerado, excesso de ufanismo, demonstrado de maneira agressiva e fanática. Ufanismo nacionalista ou euforia em excesso pelo que é nacional. Sensação de desprezo demonstrada por tudo que é estrangeiro.

igualdade social
Bandeira do socialismo, que pretende complementar a igualdade jurídica conquistada desde a Revolução Francesa.

internacionalismo proletário
Princípio defendido por Karl Marx e Friedrich Engels, no *Manifesto comunista*, de 1848, baseado na unidade de todos os trabalhadores do mundo na luta contra o capitalismo.

socialismo
Modo de produção baseado na propriedade coletiva dos meios de produção. Ideologia política que se contrapõe ao capitalismo.

Tratado de Versalhes
Tratado imposto à Alemanha como resultado da Primeira Guerra Mundial, em 1919. Conhecido como a Paz dos Vencedores, o referido tratado impunha uma série de punições à Alemanha.

fascismo
Regime político que se espalha pela Europa no período entreguerras, baseado no totalitarismo, no unipartidarismo, no culto ao líder e na submissão do indivíduo ao Estado.

sociedade liberal
Sociedade baseada nos princípios do liberalismo e na Declaração Universal dos Direitos do Homem e do Cidadão. Compreende a liberdade jurídica de todos os cidadãos.

Grande Depressão
Situação gerada pela Crise de 1929, desemprego, inflação e diminuição do ritmo do crescimento econômico.

pelo desemprego em massa e pela diminuição do consumo –, mas também no plano ideológico: os valores humanistas, individualistas e democráticos, sugeridos pelos iluministas europeus como o ponto máximo em termos de realização humana e, ainda, como valores a serem guardados e garantidos pelo Estado político, são, abruptamente, postos em xeque. A **Grande Depressão** que se seguiu à **Crise de 1929**, iniciada nos Estados Unidos, foi responsável pela caótica situação econômica da Alemanha no final da década de 1920 e no início dos anos de 1930. O desemprego e a inflação alteraram significativamente o cotidiano dos alemães, que se tornaram suscetíveis aos movimentos de direita que pregavam o nacionalismo e a superioridade do povo alemão. Nesse sentido, no rol das soluções para a Crise pode-se elencar a saída norte-americana, o *New Deal*, e a constituição de um **Estado de Bem-estar Social**; a proposta do comunismo, de superação do capitalismo e, portanto, do fim da propriedade privada; e o fascismo – nesse caso, o **fascismo alemão**, o nazismo –, que implicou a manutenção da propriedade privada, elemento estrutural do mundo liberal e **capitalista**, o militarismo, o **pangermanismo** e a conquista do espaço vital, mas suspendeu a proposta dos direitos naturais do homem constantes na **Declaração Universal dos Direitos do Homem e do Cidadão**. Assim, pode-se compreender que a ascensão do nazismo é efeito que dá visibilidade aos valores da crise da sociedade liberal, que se mantém liberal em sua estrutura de propriedade, na medida em que o estado nazista e os estados totalitários da Europa mantêm a propriedade privada, mas abole os direitos individuais, a livre organização partidária e a liberdade de expressão.

Em terceiro lugar, nesse rol de causas da ascensão do nazismo, está a emergência do comunismo. Em 1917, a revolução soviética cria o primeiro Estado socialista de que se tem notícia. Esse fato faz com que, pela primeira vez, uma concreta alternativa à organização social e econômica capitalista se coloque no cenário mundial e europeu. O **Estado Socialista Soviético** servirá de referência, inspiração e exemplo aos diversos movimentos socialistas de todo o mundo e aos partidos comunistas (PCs), em particular, na Europa. A simpatia ao comunismo igualmente aumenta, e milhares de pessoas passam a participar dos movimentos ou a votar nos PCs. A ideia de uma revolução socialista mundial é um dado que o mundo capitalista não podia deixar de considerar. O medo do comunismo e da URSS faz com que a alta burguesia alemã, por exemplo, aposte e invista no Partido Nazista.

Assim, pode-se afirmar que os efeitos da Primeira Guerra na Europa, principalmente na Alemanha e na Itália, a Crise de 1929 e o crescimento dos partidos comunistas europeus, assim como a expansão do comunismo internacional, criaram condições favoráveis para, ao mesmo tempo, a contestação ao capitalismo liberal e as ideias individualistas, racionalistas e democráticas da sociedade capitalista e a emergência do totalitarismo. A falta de perspectiva de vida a milhares de pessoas e a descrença de que a **democracia liberal** pudesse dar respostas aos problemas que se apresentavam levaram especialmente Alemanha e Itália a optarem pela solução fascista.

Crise de 1929
Crise que se iniciou nos Estados Unidos e se espalhou para o resto do mundo, atingiu seu momento mais crítico com o chamado Crack da Bolsa de Nova York, em 24 de agosto de 1929, quando as ações não mais encontraram compradores, levando à ruína instituições financeiras e pessoas comuns acostumadas a aplicar em ações.

New Deal
Política econômica implantada nos Estados Unidos por Franklin Delano Roosevelt, baseada em uma intervenção do Estado na economia e na sociedade, como resposta à Crise de 1929.

Estado de Bem-estar Social
Forma específica de organização do Estado capitalista, decorrente da Crise de 1929, que revisa os preceitos econômicos do liberalismo, incluindo na agenda capitalista elementos de assistência social e de intervenção do Estado na economia.

fascismo alemão
O fascismo alemão é conhecido como nazismo, em alusão ao Partido Nacional Socialista dos Trabalhadores Alemães, liderado por Hitler.

O Partido Nazista na Alemanha se organizava por meio de grupos armados que se utilizavam da violência como forma de combater inimigos políticos. As **SA**, chefiadas por Ernest Röhm, eram tropas de assalto que, via de regra, enfrentavam os comunistas nas ruas das cidades alemãs.

A partir da Crise de 1929, quando os sinais da recuperação alemã perdem espaço para a Grande Depressão, os nazistas avançaram e conquistaram importantes lugares sociais, inclusive entre o operariado desempregado e desiludido. Assim, os nazistas disputaram com o Partido Social-Democrata da Alemanha (SPD) e com o Partido Comunista da Alemanha (KPD), que aumentou significativamente, tornando-se "o maior partido comunista do Ocidente" (VIZENTINI, 1989, p. 15).

---

capitalismo
Modo de produção baseado na propriedade privada dos meios de produção. Sistema econômico fundado nos princípios teóricos do liberalismo, do livre mercado e da livre iniciativa.

pangermanismo
Ideal defendido pelos alemães, na tentativa de criação de um sentimento nacional nos povos germânicos e a constituição de uma nação que os agrupasse.

Declaração Universal dos Direitos do Homem e do Cidadão
Anunciada em 26 de agosto de 1789, representa a ruptura com o Antigo Regime, intimamente ligada à Revolução Francesa, afirmando a ideia dos direitos naturais do homem e a igualdade de todos perante a lei.

Estado Socialista Soviético
Estado que emerge com a Revolução Socialista de 1917, na Rússia, baseado na propriedade coletiva dos meios de produção.

democracia liberal
Organização da vida política na sociedade capitalista e liberal, baseada em eleições livres e no princípio da representação.

As eleições de 1932 marcaram uma virada decisiva do Partido Nazista, que, apesar de ter perdido as eleições, alcançou mais de 10 milhões de votos, superando o Partido Comunista e o Partido Social-Democrata. Em aliança com partidos menores, os nazistas organizaram o governo, e Hitler, em função da força política e eleitoral, foi nomeado, em 30 de janeiro de 1933, Chanceler da Alemanha.

Um acontecimento de grande importância para os planos ditatoriais dos nazistas foi o incêndio no **Reichstag** (Parlamento). Hitler acusou os comunistas pelo incidente, realizando, a partir daí, uma intensa perseguição aos opositores do regime recém-implantado.

SA (*Sturmabteilugen*)
Grupos de choque do Partido Nacional-Socialista (Nazi). Liderados por Ernst Rohm (1887-1934), foram extintos em 1934, sendo incorporados às SS.

Reischstag
É o Parlamento Alemão, na época da República de Weimar e em outras épocas da história alemã. O prédio, também chamado de Reischstag, foi incendiado em 1933, o que serviu de elemento político para o fortalecimento do poder pelos nazistas, uma vez que os comunistas foram acusados pelo incêndio.

Você sabia?

Em trabalho sobre a repressão cultural empreendida pelos nazistas, Domingos e Maciel (2009, p. 90) lembram que, em maio de 1933, ocorreu a grande queima de livros em Berlim.

Foram postas na fogueira obras de Freud, Marx, Engels, Thomas Mann, Einstein e do próprio Brecht. Estima-se que cerca de 20 mil livros foram queimados, principalmente por jovens, nesse dia. Para os ideólogos do regime nazista, esses intelectuais representavam a falta de patriotismo, a decadência e a perversão de uma Alemanha que não poderia mais existir em um sistema que era comandado pela raça ariana – bela, pura e forte –, única com o direito de liderar e dominar outros territórios e outras raças.

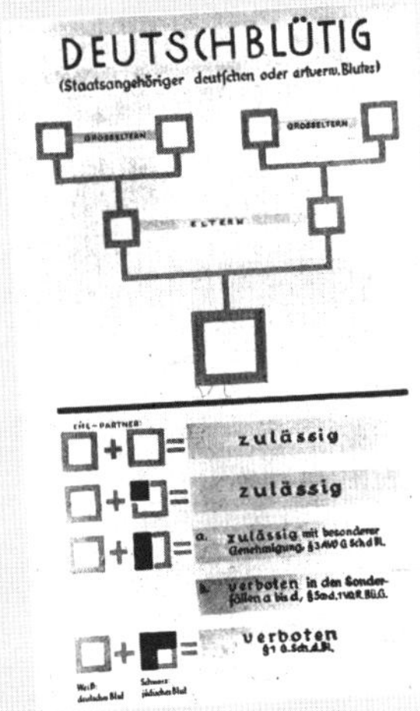

raça ariana
Teoria do século XIX, segundo a qual se supunha que determinados povos da Europa seriam descendentes de um antigo povo ariano. Na perspectiva da teoria racista, seria um povo superior, tendo, assim, o direito de dominar os demais.

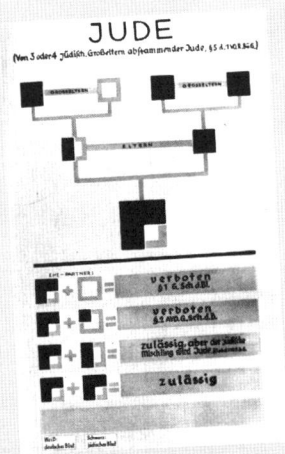

http://collections.yadvashem.org/photosarchive/en-us/29322.html

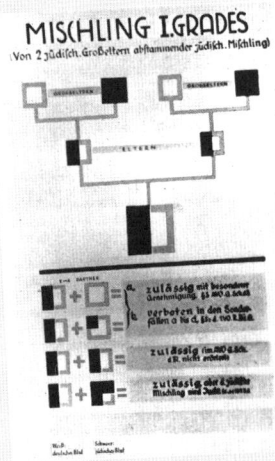

http://collections.yadvashem.org/photosarchive/en-us/27316.html

http://collections.yadvashem.org/photosarchive/en-us/28647.html

Formas utlizadas para definir a proporção de sangue ariano, semita ou eslavo nas famílias alemãs.

PROPOSTA DE ATIVIDADE

Cinema e história

1. No filme *Cabaret*, de 1972, a partir do cotidiano de personagens de um cabaré no período da República de Weimar, é possível perceber o rápido e violento processo de ascensão do nazismo na Alemanha. Para tratar desse tema, o filme pode ser recortado em cenas que trabalham com o modo como o discurso nazista foi incorporado por boa parte daquela sociedade, a partir do seguinte roteiro:

   A) Ficha técnica do filme.
   B) Tema central.
   C) Questões:
      – Escrever sobre o papel da juventude, a partir da visão expressada pelo filme, na ascensão do nazismo.
      – Criar uma canção antinazista para se contrapor àquela entoada pelos jovens do filme em uma cervejaria.

   Fragmento da canção cantada pelos jovens nazistas:

   *"...Pátria,
   Pátria nos mostre o sinal
   Que seus filhos esperam ver
   Amanhecerá quando o mundo for meu
   Porque o amanhã me pertence..."*

PARA VER

Arquitetura da destruição (*Undergångens Arkitektur*)

Peter Cohen
Suécia
1989

O filme de Peter Cohen lembra que chamar a Hitler de artista medíocre não elimina os estragos provocados por sua estratégia de conquista universal. O veio artístico do arquiteto da destruição tinha grandes pretensões e queria dar uma dimensão absoluta à sua megalomania. Hitler queria ser o senhor do universo, sem descuidar de nenhum detalhe da coreografia que levava as massas à histeria coletiva a cada demonstração. O nazismo tinha como um de seus princípios fundamentais a missão de embelezar o mundo. Nem que, para isso, tivesse de destruir todo o mundo.

(*Continua*)

PARA VER

(*Continuação*)

Cabaret

Bob Fosse
Estados Unidos
1972

Berlim no início da década de 1930. O nazismo ascendia em velocidade impressionante, mas a grande maioria das pessoas ainda não tinha noção do terrível poder que aquela força política teria em um futuro bem próximo. Sally Bowles, uma sonhadora jovem norte-americana que canta no cabaré Kit Kat se apaixona por Brian Roberts, um escritor bissexual. Ambos se envolvem com Maximillian von Heune, um nobre alemão. Quando Sally fica grávida, Brian a pede em casamento e declara não se importar com a paternidade da criança. Mas o futuro lhes reserva outro destino.

Grande ditador, O (*The great dictator*)

Charlie Chaplin
Estados Unidos
1940

Adenoid Hynkel assume o governo de Tomainia. Ele acredita em uma nação puramente ariana e passa a discriminar os judeus locais. Essa situação é desconhecida por um barbeiro judeu que está hospitalizado devido à participação em uma batalha na Primeira Guerra Mundial. Ele recebe alta, mesmo sofrendo de amnésia sobre o que aconteceu na guerra. Por ser judeu, passa a ser perseguido e precisa viver no gueto. Lá conhece a lavadora Hannah, por quem se apaixona. A vida dos judeus é monitorada pela guarda de Hynkel, que tem planos de dominar o mundo. Seu próximo passo é invadir Osterlich, um país vizinho, e, para tanto, negocia um acordo com Benzino Napaloni, ditador da Bacteria.

Ovo da serpente, O (*The serpent's egg*)

Ingmar Bergman
Alemanha/Estados Unidos
1977

Berlim, novembro de 1923. Abel Rosenberg é um trapezista judeu desempregado que descobriu recentemente que seu irmão, Max, se suicidou. Logo ele encontra Manuela, sua cunhada. Juntos eles sobrevivem com dificuldade à violenta recessão econômica pela qual o país passa. Sem compreender as transformações políticas em andamento, eles aceitam trabalhar em uma clínica clandestina que realiza experiências em seres humanos.

PARA PESQUISAR

ARENDT, H. *Origens do totalitarismo*: anti-semitismo, imperialismo e totalitarismo. São Paulo: Companhia das Letras, 1989.

Hanna Arendt, após observar o julgamento de Adolf Eichmann, analisa a postura de vários burocratas como Eichmann que participaram ativamente do Holocausto. O tema do ser humano moldado pelo totalitarismo nazista é analisado de forma brilhante.

GUTMAN, I. *Holocausto y memoria*. Jesusalén: Yad Vashem, 2003.

Narra a formação do racismo contra os judeus na Alemanha nazista e a implementação do extermínio na Europa conquistada por Hitler.

HOBSBAWM, E. *Era dos extremos*: o breve século XX. São Paulo: Companhia das Letras, 1995.

O livro é um tributo ao "breve século XX", traçado por um dos maiores historiadores do nosso tempo. Hobsbawn divide o século XX em três momentos: a era das catástrofes, iniciada com a Primeira Guerra Mundial, em 1914, e que termina com o final da Segunda Guerra, em 1945; a era de ouro, que vai do pós-Segunda Guerra até os anos 1970; e a era do desmoronamento, até o final do século XX.

VIZENTINI, P.F. *Segunda Guerra Mundial*: história e relações internacionais, 1931-1945. 3. ed. Porto Alegre: UFRGS, 1989.

O livro elabora uma síntese das relações internacionais no período da Segunda Guerra, marcando também as condições de aparecimento do fascismo na Europa.

Capítulo 4
Nazismo – a ideologia

O nazismo vigorou na Alemanha entre 1933, quando Adolf Hitler tornou-se Chanceler, e 1945, quando terminou a Segunda Guerra Mundial.

O Partido Nacional Socialista dos Trabalhadores Alemães (NSDAP) foi fundado em 1919 por um ferroviário chamado Anton Drexler. Mais tarde, em 1921, o NSDAP foi liderado pelo austríaco Adolf Hitler, tornando-se um movimento político extremamente significativo na Alemanha da **República de Weimar**, constituído, sobretudo, por elementos da pequena-burguesia, "soldados desmobilizados", desempregados e grupos nacionalistas (Folkismo). Em 1923, Hitler tentou um golpe de estado, conhecido como *Putsch de Munique*, evento que o levou à prisão de Landsberg por um breve período. Enquanto esteve preso, ditou seu livro, *Mein Kumpf* (*Minha luta*), a Rudolf Hess, "[...] que o organizou [...]" (VIZENTINI, 1989, p. 19). Nessa obra, Hitler expressa as características mais importantes da ideologia nazista.

A ideologia nazista constitui-se de, ao menos, quatro elementos centrais: o antiliberalismo, que consiste em uma crítica à sociedade liberal, que, na sua forma política, inclui a ideia da liberdade de organização da sociedade civil e o pluripartidarismo; o antimarxismo ou anticomunismo, que eleva ao extremo a contestação à ideia de uma sociedade igualitária, tal como apregoavam os comunistas; o **culto à personalidade**, representada pelo chefe, o *Führer*, o guia que sabe o caminho e encarna a razão suprema, e, por isso, deve governar o Estado; e o racismo, a ideia-força do nazismo, particularidade dessa forma do fascismo na Alemanha, que via o povo alemão como descendente direto dos arianos. Ou seja, a ideia da superioridade da chamada "raça ariana" consistia elemento central que encarnava a recuperação do orgulho do povo alemão, perdido com a derrota e com a paz estabelecida ao final da Primeira Guerra Mundial.

> **República de Weimar**
> Forma assumida pelo Estado alemão após a derrota na Primeira Guerra Mundial. República democrática e liberal, criticada por ter assinado o acordo considerado vergonhoso e humilhante para a sociedade alemã.
>
> **culto à personalidade**
> Prática típica de regimes totalitários, que consiste no culto ao líder e às suas qualidades superiores, por meio, sobretudo, da propaganda. Exemplos importantes de culto à personalidade são os casos de Hitler, na Alemanha, e de Stalin, na União Soviética.

O racismo alemão, na afirmação de Vizentini (1989, p. 17), se nutria de teorias diversas: "[...] as teorias racistas de Gobineau e Chamberlain, a 'fé no destino', de Richard Wagner, as teorias sobre a herança, de Mendel, a *Geopolítica*, de Haushofer, o neodarwinismo, de A. Ploetz, e *A decadência do Ocidente*, de Oswald Spengler [...]". Assim, os nazistas afirmavam que os alemães tinham direito ao espaço vital, conquistado, sobretudo, aos eslavos, de modo que o povo alemão pudesse seguir seu progresso. Dessa maneira, a ideia do espaço vital sustenta ideologicamente o imperialismo nazista e as conquistas que o Estado nazista levou a efeito durante a Segunda Guerra Mundial e até mesmo antes dela (caso da anexação de Sudetos, da invasão da Tchecoslováquia e da intervenção na Guerra Civil Espanhola, com o bombardeamento à cidade espanhola de **Guernica**).

Guernica
Cidade espanhola destruída pela aviação nazista, que inspirou a tela do artista espanhol Pablo Picasso.

O nazismo construiu ou elegeu um inimigo fundamental, os judeus, vistos como os descendentes da raça semita. Na ideologia nazista, a raça semita seria inimiga natural da raça ariana, por isso, somente haveria o desenvolvimento do povo alemão com a expulsão da raça semita. Nesse sentido, para Hitler, a luta pela alma alemã estava diretamente relacionada ao extermínio dos "envenenadores internacionais, os judeus". Segundo Kershaw (2010, p. 183), importante biógrafo de Hitler, "[...] a noção de envenenar os envenenadores está presente em [...] trecho famoso do livro [*Mein Kampf*], no qual Hitler sugeria que, se 12 mil a 15 mil 'corruptores hebreus do povo' tivessem sido submetidos a gás venenoso no início da Primeira Guerra então 'o sacrifício de milhões no *front* não teria sido em vão' [...]".

O nacionalismo exacerbado e o racismo nazista sustentaram a ideia do extermínio como forma de extirpar os judeus da vida e da sociedade alemãs. Nesse sentido, o antissemitismo tornou-se o centro da ideologia nazista, e o extermínio se revelou como um programa de Estado. As práticas de violência eram comuns aos grupos nazistas ainda antes da tomada do poder por Hitler, e seu ódio era direcionado contra todos aqueles considerados maus ou responsáveis pelos males sofridos pelo povo alemão, desde os comunistas até os judeus. Os judeus são considerados o "bode expiatório", sobre quem recairá a responsabilidade pelas mazelas da Alemanha no entreguerras, assumindo o mito da "punhalada pelas costas".

Protocolos dos Sábios de Sião
Livro organizado pela Polícia Secreta Russa, no qual supostamente um grupo de sábios judeus planeja a dominação do mundo.

A suposta grande conspiração judaica internacional, já presente desde o século XIX nos **Protocolos dos Sábios de Sião**, é revivida nos discursos, nos textos e na memória que os nazistas construíram para criar o inimigo e colocar-se na posição de salvadores. Do mesmo modo que os judeus são identificados ao grande capital financeiro, são, também, identificados ao marxismo.

Por meio de Rothschild, o judeu é o capitalista financeiro, responsável pela crise alemã; por meio de Karl Marx, o judeu é o comunista que desagrega a sociedade ao pregar a igualdade social.

O nazismo inverte a ideia liberal de que o Estado deve servir ao indivíduo e constitui um Estado que, em vez de servir ao indivíduo, torna-o completamente submisso a si. Este já não serve para garantir a direito à liberdade de pensamento, mas para impor, de modo violento, a forma dominante do que é possível pensar. O indivíduo deve sacrificar-se pelo Estado, inclusive com a sua própria vida. Eis o modelo do Totalitarismo.

O princípio liberal da diferença é abolido. Todo o pluralismo já é considerado degenerante; todo o conflito de ideias – base sobre a qual se assenta o governo democrático – já não é outra coisa que não produtor da discórdia que leva as nações à decadência.

Essa decadência seria causada por todos aqueles que, na ótica dos nazistas, representavam a degeneração da raça, desde idosos, viventes de asilos, ciganos, homossexuais, testemunhas de Jeová, pessoas com necessidades especiais e mesmo opositores políticos, arianos ou não. Todos esses foram vítimas da máquina de morte do nazismo.

PROPOSTA DE ATIVIDADE

Trabalho com caricatura

Der Sturmer, semanário nazista publicado por Julius Streicher entre 1923 e o final da Segunda Guerra, visava as classes mais baixas da sociedade alemã e constituiu-se em um instrumento poderoso na estratégia de propaganda nazista. Os textos, charges e caricaturas eram carregados de um forte antissemitismo. Julius Streicher foi julgado em Nuremberg e condenado à morte.

http://collections.yadvashem.org/photosarchive/en-us/60081_74117.html

1. Qual o papel da propaganda na construção do consenso sobre o regime e as práticas nazistas?
2. Por que a caricatura e a fotografia foram utilizadas como forma de educar as massas para o antissemitismo?
3. Observe as imagens, descreva-as detalhadamente e construa um pequeno texto sobre os estereótipos por elas veiculados.

http://collections.yadvashem.org/photosarchive/en-us/28984.html

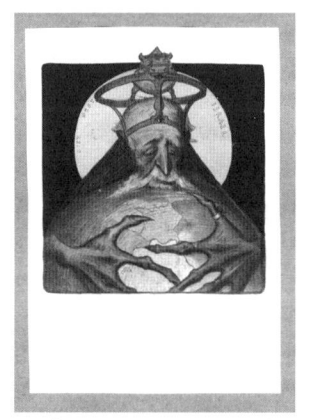

http://collections.yadvashem.org/photosarchive/en-us/60081_76034.html

PARA VER

Escritores da liberdade (*Freedom writers*)

Richard Lagravenese
Estados Unidos
2007

Baseado em fatos reais. Quando vai parar em uma escola corrompida pela violência e pela tensão racial, a professora Erin Gruwell combate um sistema deficiente, lutando para que a sala de aula faça a diferença na vida dos estudantes. Assim, contando suas próprias histórias e ouvindo as dos outros, uma turma de adolescentes supostamente indomáveis vai descobrir o poder da tolerância, recuperar suas vidas desfeitas e mudar seu mundo.

Onda, A (*The wave*)

Alex Grasshoff
Estados Unidos
1981

O professor de história Burt Ross está explicando a seus alunos a atmosfera da Alemanha em 1930, a ascensão e o genocídio nazistas. Os questionamentos dos alunos o levam a realizar uma arriscada experiência pedagógica que consiste em reproduzir na sala de aula alguns clichês do nazismo. Baseado em fatos reais.

Onda, A (*Die welle*)

Dennis Gansel
Alemanha
2008

Baseado em uma história real, passa-se em uma escola de uma cidade na Alemanha. Logo na primeira cena é apresentado o personagem central da história: um jovem professor, motivado, formado em Ciências Políticas e Educação Física, com um casamento saudável e boas relações em seu ambiente de trabalho. O professor é informado pela coordenadora da escola que irá ministrar um curso sobre autocracia aos alunos e mostra seu descontentamento com a notícia, pois seu desejo era dar o curso sobre anarquia – tema pelo qual tem interesse pessoal. O projeto, com duração de uma semana, tem a finalidade de mostrar aos alunos as virtudes da democracia.

PARA PESQUISAR

KERSHAW, I. *Hitler*. São Paulo: Companhia das Letras, 2010.
Considerada uma das biografias mais importantes sobre Hitler.

Capítulo 5

Políticas de exclusão – o início

Com a ascensão de Hitler ao poder, pouco a pouco o ideário antissemita dos nazistas passou a ser implementado. Entretanto, a exclusão dos judeus da sociedade alemã não foi uma tarefa de fácil execução. Os judeus eram fatia importante da sociedade e da economia alemãs, e várias forças que haviam apoiado Hitler não apoiaram decisões que implicaram prejuízos, sobretudo econômicos. No entanto, independentemente das posições ocupadas por judeus na economia e na política alemãs, os nazistas levaram adiante um longo e intensivo processo de exclusão e extirpação dos judeus e de muitos outros grupos da sociedade alemã.

Tal exclusão foi um processo legal, de modo que tudo foi levado a efeito com a sustentação e com a criação de toda uma legislação específica. Para cada ato de exclusão, foram realizadas mudanças na legislação. Desse modo, paulatinamente a máquina de morte nazista foi sendo colocada em prática: um processo institucionalizado como uma verdadeira política de Estado.

O primeiro momento mais significativo do processo de exclusão foi a campanha organizada pelo Partido Nazista, em 1º de abril de 1933, de boicote aos negócios, escritórios e consultórios dos judeus. Esse boicote, planejado para ocorrer por tempo indeterminado, acabou sendo efetivado por poucos dias; a população alemã não colaborou, o que fez com que o governo recuasse e terminasse o bloqueio. No entanto, o fato marcou o começo de um processo.

Você sabia?

Por meio das Leis de Nuremberg, proibiam-se o casamento e mesmo as relações sexuais entre judeus e alemães. Os judeus ainda ficaram proibidos de içar a bandeira alemã e de contratar empregados não judeus para trabalhar em seus lares. No que se refere à vida política, as Leis de Nuremberg proibiram os judeus de trabalhar em cargos públicos e de votar.

> **Leis de Nuremberg**
> Leis criadas em 1935, na Alemanha, que retiravam os direitos civis dos judeus.
>
> **Departamento de assuntos judaicos**
> Departamento criado em 1935. Adolf Eichmann rapidamente se especializou em assuntos judaicos. Esse departamento participou ativamente na "Solução Final".
>
> **Noite dos Cristais**
> *Pogrom* organizado pelos nazistas na Alemanha e na Áustria na noite de 9 de novembro de 1938. Cerca de 30 mil judeus foram levados a campos de concentração, 91 foram assassinados.
>
> *pogrom*
> Ataque violento a pessoas e propriedades. O termo se tornou famoso durante os ataques organizados contra comunidades judaicas na Rússia tzarista.

A institucionalização da perseguição e exclusão dos judeus da vida e da sociedade alemãs teve seu momento mais importante com as "**Leis de Nuremberg**", anunciadas publicamente, no *Reischstag*, em 15 de setembro de 1936. Essas leis representavam, mais do que uma perseguição aos judeus, um processo de segregação institucionalizado no interior daquela sociedade.

Essas leis marcam claramente a aceitação oficial do princípio racial na legislação alemã, princípio que não existia na República de Weimar e que representava o ápice de um processo de infiltração da ideologia nazista no governo alemão. Elas criaram uma base legal para a política antijudaica que foi efetivada posteriormente.

Paralelamente a esse processo legal, existiu um movimento de arianização das empresas que eram propriedade de judeus. De 1933 a 1938, muitas dessas empresas passaram às mãos do Estado ou de instituições privadas (ALY, 2006). Esse processo fez com que os judeus fossem pouco a pouco alijados da economia alemã.

Em 1935, foi criado o "**Departamento de assuntos judaicos**", que pretendia incrementar a emigração dos judeus alemães.

Um dos momentos cruciais na política nazista em relação aos judeus é a conhecida "**Noite dos Cristais**". O título deve-se à enorme quantidade de vidros de estabelecimentos judaicos que foram quebrados. Esse ato planejado foi uma represália a um ataque realizado por um jovem judeu à embaixada alemã na França, devido à deportação de 15 mil a 20 mil judeus poloneses que viviam na Alemanha e que foram deixados na fronteira entre os dois países. Esse ataque ocasionou a morte de um funcionário da embaixada.

Nas noites de 9 e 10 de novembro, foram enviados decretos aos comissariados da polícia para realizarem um ataque organizado a toda a comunidade judaica alemã. Em todo o território alemão foram destruídas centenas de sinagogas, judeus foram agredidos e presos, uma parte foi enviada a campos de concentração e 91 foram assassinados.

A "Noite dos Cristais" mostrou que a política em relação aos judeus agravava-se cada vez mais, sobretudo com a finalização do processo de arianização (confisco) dos bens dos judeus. Após esse *pogrom*, a comunidade judaica da Alemanha realizou tentativas de emigrar, procedimento dificultado porque muitos países se negavam a receber judeus. Ainda assim, muitos conseguiram vistos e emigraram para outros países da Europa ou para a América Latina.

PROPOSTA DE ATIVIDADE

1. Sugere-se dividir os alunos em pequenos grupos.
2. Cada grupo deve preparar uma cena (como se fosse uma fotografia, uma cena na qual todos os integrantes do grupo estejam imóveis), representando um processo de exclusão qualquer (pode ser de um indivíduo ou de um grupo, no tempo presente ou no passado).
3. As cenas devem ser representadas para o grande grupo e sugere-se que o professor as fotografe.
4. Ao final os alunos devem comentar os sentimentos que a exclusão causa em cada um e montar um mural com as fotos das cenas representadas.

PARA VER

Homem bom, Um (*Good*)

Vicente Amorim
Estados Unidos
2008

Trata-se da história de conscientização de um homem ingênuo, cuja benevolência o leva, sem querer, a cometer atos discutíveis (descartar imperiosamente a esposa pela orientanda mais nova e bonitinha), graves (abandonar, por força dos acontecimentos, a mãe senil em uma casa vazia) e medonhos (trabalhar para os nazistas). Assim, o escritor e professor John Halder, grande idealista e humanista, escreve um livro que defende a eutanásia para um personagem em sofrimento extremo à porta da morte, obra que o faz cair nas graças da cúpula de Hitler, que vê em sua articulação uma habilidade útil para narrar os intentos do governo nacional-socialista. De bom homem, Halder torna-se um bom nazista. Viggo Mortensen traz em sua imagem um interessante registro no olhar parvo com que compõe esse personagem, que teima em não enxergar as evidências, deixando um amigo judeu à mercê da SS para, apenas no final, tomar consciência dos acontecimentos que ocorriam a metros de seu nariz.

PARA PESQUISAR

ALY, G. *La utopia nazi*: como Hitler compro a lós alemanes. Barcelona: Crítica, 2006.

Neste material, Götz Aly mostra como Hitler e os dirigentes do Reich compraram a cumplicidade da maioria dos alemães em troca de segurança e bem-estar material.

http://www.yadvashem.org/

http://www.ushmm.org/ – United States Holocaust Memorial Museum

Capítulo 6
Políticas de exclusão – os guetos

Com a invasão da Polônia em 1939, os jovens soldados nazistas entraram pela primeira vez em contato com o estereótipo de judeu que haviam estudado nas escolas alemãs. Estes se comportavam de uma forma distinta dos judeus da Alemanha, que tinham, em sua maioria, optado por adotar os costumes e se integrar na sociedade alemã. Os materiais antissemitas utilizados na educação dos jovens e da população em geral mostravam o estereótipo dos judeus religiosos, com roupas escuras, com xales rituais e barba comprida.

Após a invasão da Polônia, a solução para a questão judaica passava pela concentração dos judeus poloneses em poucas cidades, sendo estabelecido um conselho de anciãos formado por membros da comunidade judaica que serviria de agente de comunicação com os dirigentes da **SS**, o que caracterizou o princípio de organização do Gueto.

Essa é uma forma de exclusão que mantém o excluído e segregado na parte de dentro dos muros da cidade. Nesse caso, o gueto constituiu uma parte específica da cidade, limitada, segregada, para onde eram enviados os indivíduos indesejados pelos nazistas, aqueles discriminados pelas políticas oficiais. Mas, ao mesmo tempo em que afasta o excluído do mundo da cidade, na medida em que lhe impõe limites espaciais, políticos e legais, o gueto permite um controle e um supervisionamento. Trata-se de um processo de exclusão que mantém o excluído sob uma luz intensa e controladora.

> **SS (*Schutzstaffel*)**
> Tropas de elite do Partido Nazista, criadas para proteger Hitler. Essa força seguia fielmente a ideologia nazista. Cresceu sob a direção de Heinrich Himmler, tornando-se uma força importante dentro do regime nazista.

É importante assinalar que, ainda que cada gueto tenha tido uma história singular, todos tinham em comum a enorme mortandade causada pela fome e pelas doenças. O primeiro gueto foi criado na cidade de Piotrkow Trybunalsky, em outubro de 1939, e tinha cerca de 18 mil habitantes. Já o Gueto de Varsóvia alcançou o número máximo de 445 mil habitantes, em uma área demasiado restrita. Para se ter ideia, o número de pessoas por quarto era em média de oito. O gueto, de certo modo, facilitava o processo de deportação, na medida em que não havia por onde

Entrada de alimentos no Gueto.
http://collections.yadvashem.org/photosarchive/en-us/5854513_25401.html

Você sabia?

Os nazistas forneciam aos habitantes do gueto, em média, 184 calorias por dia, o que representa 7,5% das necessidades mínimas para viver. Assim, somente no mercado paralelo era possível conseguir alimentos, isso a altos preços. Como a maioria da população não possuía dinheiro, muitos morreram de fome.

http://collections.yadvashem.org/photosarchive/en-us/5854483_18075.html

escapar daquele espaço delimitado. Qualquer judeu, sem permissão, encontrado fora do gueto deveria ser executado.

Cada gueto era administrado por um conselho de anciãos, os **Juderate**, que eram responsáveis por fazer funcionar o correio e por todas as necessidades de uma cidade, como, por exemplo, a distribuição dos alimentos. Proporcionavam moradia, cuidados médicos e trabalho. É importante ressaltar que alguns guetos receberam refugiados não judeus. Durante algum tempo, por exemplo, ciganos estiveram no Gueto de Lodz.

Com a implementação da chamada **Solução Final** (o extermínio total dos judeus), os nazistas começaram a eliminar os guetos. Os primeiros guetos foram liquidados na primavera de 1942, e o último foi o Gueto de Lodz, no verão 1944. A maioria dos habitantes foi levada diretamente para **campos de extermínio**; somente poucos foram levados a **campos de concentração** ou campos de trabalho forçado. Praticamente todos os judeus europeus foram obrigados a viver em guetos.

Juderate
Conselhos de judeus organizados pelos alemães quando ocupavam alguma comunidade judaica. Eram responsáveis por distribuir os precários alimentos, moradias, cuidados médicos e trabalhos. Foram criados como forma de organizar essas comunidades

Solução Final
Decisão tomada pela Alemanha em 1942 para o extermínio do povo judeu.

campos de extermínio
Auschwitz-Birkenau ou Auschwitz II, Belzec, Chelmno, Majdanek, Sobibór, Treblinka. Campos criados a partir de 1941 com o objetivo de assassinar judeus, ciganos e homossexuais. Nesses lugares foram exterminados aproximadamente 3 milhões de pessoas.

campos de concentração
Campos de detenção de minorias perseguidas, onde essas pessoas poderiam ser utilizadas em trabalhos forçados para a máquina de guerra nazista.

Embarque de judeus rumo aos campos.
http://collections.yadvashem.org/photosarchive/en-us/83677.html

PROPOSTA DE ATIVIDADE

1. Audição da música *O pianista do Gueto de Varsóvia*, de Jorge Drexler.
2. Sugere-se a leitura, junto com os alunos, da letra da música em português.
3. Colocar no quadro os seguintes versos

http://youtube.com/watch?v=nAyxZFL5no

Duas gerações a menos
Duas gerações a mais
Datas, somente datas
Eu estou aqui, você estava lá
E o mundo não aprende nada, é analfabeto
E hoje soa seu piano, só que em outros guetos
Se eu estou aqui fora, e você estava lá dentro
Foi só uma questão de tempo e de lugar

4. Propor que os estudantes escrevam uma carta direcionada a um conhecido personagem histórico, tendo como título, em forma de pergunta: "O mundo realmente não aprende nada?".

El Pianista del gueto de Varsovia
Jorge Drexler
Dos generaciones menos
dos generaciones más
Fechas, tan sólo fechas
Yo estoy aquí, tu estabas allá
El pico y la pala, el hielo en los dedos te estás jugando las manos...
El mundo se muere y tu sigues vivo
porque recuerdas tu piano
Compás por compás, en el frío del gueto
vas repasando el nocturno en Do Sostenido Menor de Chopin, en tu memoria
Si fueras tu nieto y yo fuera mi abuelo quizás, tú contarías mi historia
Yo tengo tus mismas manos
Yo tengo tu misma historia
Yo pude haber sido el pianista del gueto de Varsovia
Dos generaciones menos, dos generaciones más
Fechas, tan sólo fechas
Yo estoy aquí, tu estabas allá
Y el mundo no aprende nada, es analfabeto
y hoy suena tu piano, solo que en otros guetos
Si yo estoy afuera y tu estabas adentro fue sólo cuestión de lugar y de momento
Yo tengo tus mismas manos
Yo tengo tu misma historia

(*Continua*)

PROPOSTA DE ATIVIDADE

(*Continuação*)

Yo pude haber sido el pianista del gueto de Varsovia
Dos generaciones menos dos generaciones más
Fechas, tan sólo fechas
Yo estoy aquí, tu estabas allá

O Pianista do Gueto de Varsóvia
Duas gerações a menos
Duas gerações a mais
Datas, somente datas
Eu estou aqui, você estava lá
A picareta e a pá, o ferro nos dedos
Lhe está jogando as mãos...
O mundo morre e você continua vivo
Porque se lembra de seu piano
Compasso por compasso, no frio do gueto
Vai repassando o noturno em Dó Menor Sustenido de Chopin, na sua memória
Se você fosse seu neto e eu fosse meu avô
Quem sabe, você contaria a minha história
Eu tenho as suas mesmas mãos
Eu tenho a sua mesma história
Eu poderia ter sido o pianista do gueto de Varsóvia
Duas gerações a menos
Duas gerações a mais
Datas, somente datas
Eu estou aqui, você estava lá
E o mundo não aprende nada, é analfabeto
E hoje soa seu piano, só que em outros guetos
Se eu estou aqui fora, e você estava lá dentro
Foi só uma questão de tempo e de lugar
Eu tenho as suas mesmas mãos
Eu tenho a sua mesma história
Eu poderia ter sido o pianista do gueto de Varsóvia
Duas gerações a menos
Duas gerações a mais
Datas, somente datas
Eu estou aqui, você estava lá

Baseado no relato autobiográfico *O Pianista do Gueto de Varsóvia*, de Wladislaw Szpilman.

PARA VER

Lista de Schindler, A (*Schindler's list*)

Steven Spielberg
Estados Unidos
1993

O filme conta a história real de Oskar Schindler, um industrial alemão que negociava com os nazistas a utilização de trabalhadores judeus em sua fábrica, poupando-os de serem levados para os campos de concentração.

Pianista, O (*The pianist*)

Roman Polanski
França, Reino Unido, Alemanha, Polônia
2002

O pianista polonês Wladyslaw Szpilman interpretava peças clássicas em uma rádio de Varsóvia quando as primeiras bombas caíram sobre a cidade, em 1939. Com a invasão alemã e o início da Segunda Guerra Mundial, começaram também restrições aos judeus poloneses pelos nazistas. Inspirado nas memórias do pianista, o filme mostra o surgimento do Gueto de Varsóvia, quando os alemães construíram muros para encerrar os judeus em algumas áreas, e acompanha a perseguição que levou à captura e ao envio da família de Szpilman para os campos de concentração. Wladyslaw é o único que consegue fugir e é obrigado a se refugiar em prédios abandonados espalhados pela cidade até que o pesadelo da guerra acabe.

PARA PESQUISAR

http://www.annefrank.org/es/ – disponível em várias línguas, contém linha de tempo de Anne Frank

ENCICLOPEDIA DEL HOLOCAUSTO. Yad Vashem: Israel, 2004.

Enciclopédia elaborada pelo Instituto Yad Vashem. Ótima fonte de pesquisa sobre o Holocausto.

SLAVUTZKY, A. *O dever da memória*: o levante do Gueto de Varsóvia. Porto Alegre: AGE editora/FIRGS, 2003.

Estudo da história da rebelião judaica no Gueto de Varsóvia, traz distintas visões sobre essa rebelião.

Capítulo 7

Políticas de exclusão – os campos de concentração

Os campos de concentração se constituíram em estratégias para aprisionar os inimigos do Estado nazista: socialistas, comunistas, social-democratas, opositores em geral, bem como indivíduos indesejáveis na ótica nazista, como homossexuais, testemunhas de Jeová, ciganos, judeus e outros tantos. Os campos se discerniam dos guetos porque representaram a criação de um espaço de reclusão – ainda trabalho e extermínio – fora dos limites da cidade. Supõe-se que, já no final de 1933, 27 mil pessoas estavam confinadas em campos de concentração na Alemanha. Com o início da guerra, em 1939, os campos serviram para alojar prisioneiros.

> **Oskar Schindler**
> Empresário nascido na Morávia, República Tcheca, célebre por ter salvo a vida de 1.200 trabalhadores judeus durante a Segunda Guerra.

A racionalidade do regime nazista, além de um sistema altamente organizado de controle e aprisionamento dos opositores e indesejáveis, organizou campos de trabalho forçado, dos quais se beneficiaram várias empresas alemãs, sobretudo para a produção de armamentos. Nesse sentido, a manutenção do prisioneiro vivo está diretamente relacionada à utilidade que tinha para o trabalho e para a indústria de guerra nazista.

Empresas se localizavam próximas aos campos. Exemplo desse processo pode ser visto no filme *A lista de Schindler*, de Steven Spilberg, que procura mostrar a história de **Oskar Schindler**, industrial tcheco que se utiliza do trabalho forçado de judeus para enriquecer durante a guerra.

Com o passar do tempo, ficou muito difícil distinguir se o campo seria de concentração ou de trabalhos forçados, uma vez que muitos campos de concentração serviram como fornecedores de trabalhadores forçados às indústrias alemãs.

Você sabia?

O primeiro teste de utilização de gás para matar em massa foi realizado em Auschwitz, em 1941. No final do outono foram construídos os campos de extermínio de Belzec, Chelmno, Sobibor, Treblinka e Maidanek. Na Conferência de Wannsee, em janeiro de 1942, reuniram-se funcionários do governo alemão e comandantes da SS para coordenar o extermínio total da comunidade judaica europeia. A partir desse momento, até o final da guerra, essa foi a política oficial do nazismo. O saldo do extermínio nazista foi a morte de mais de 6 milhões de judeus.

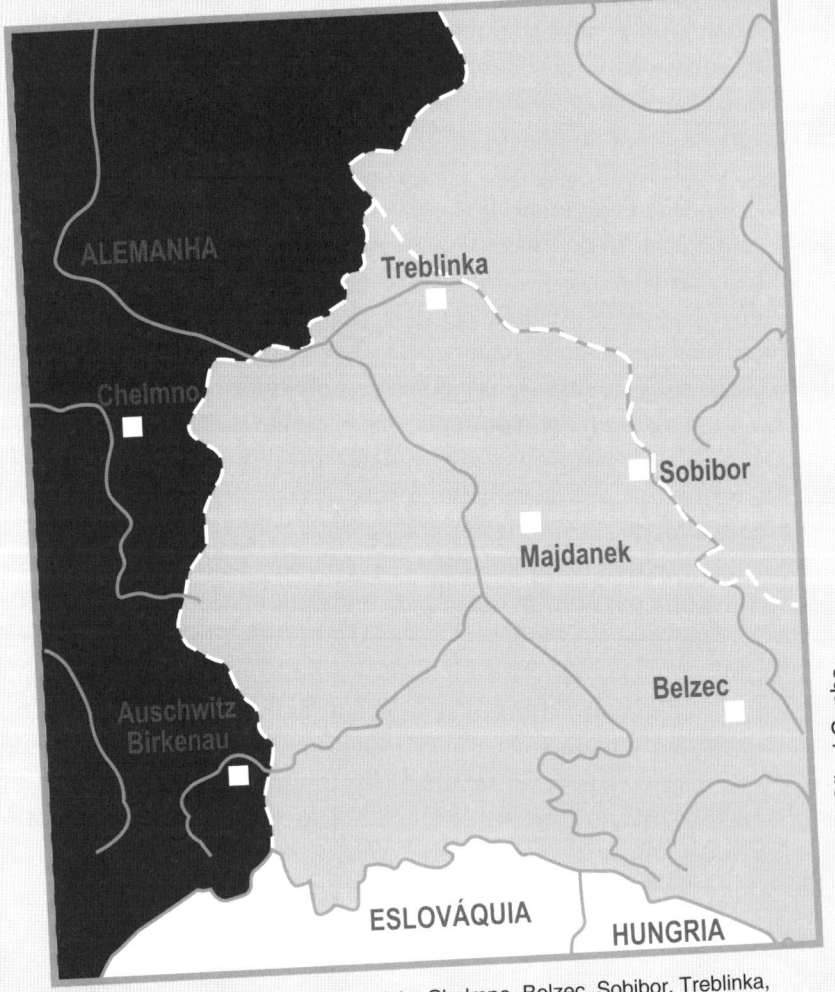

Localização dos campos de extermínio: Chelmno, Belzec, Sobibor, Treblinka, Maidenek e Auschwitz-Birkenau.

Ilustração de Gilnei Cunha

Você sabia?

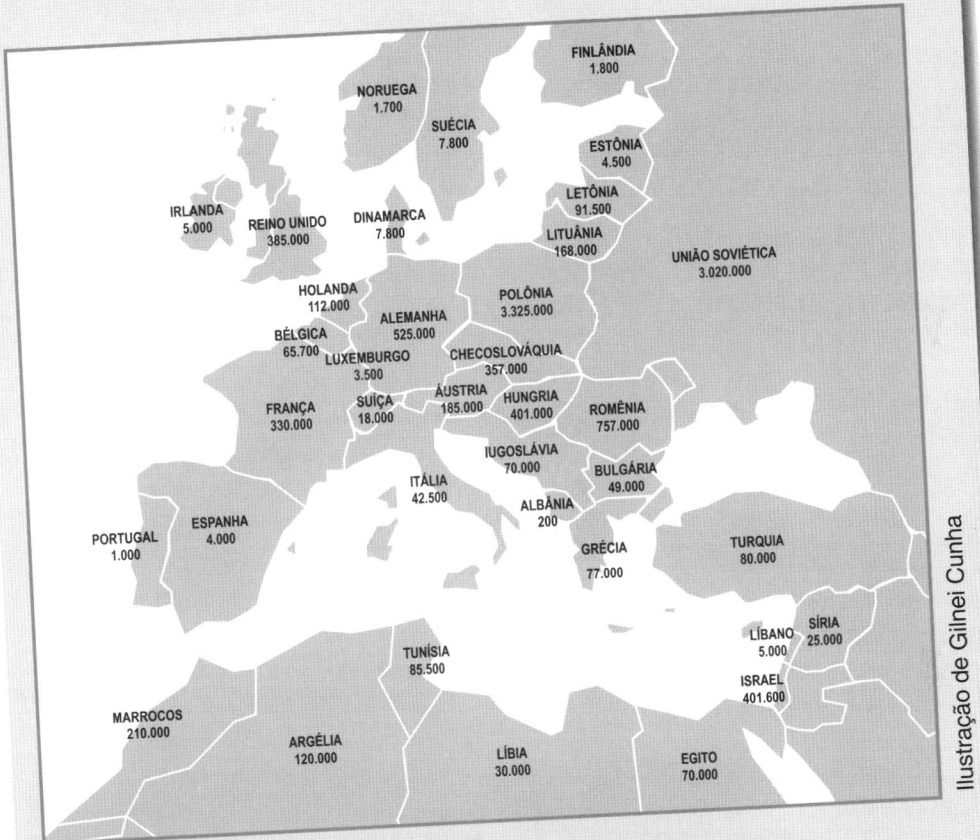

Número de judeus em cada país antes de 1945.

- FINLÂNDIA 1.800
- NORUEGA 1.700
- SUÉCIA 7.800
- ESTÔNIA 4.500
- LETÔNIA 91.500
- LITUÂNIA 168.000
- UNIÃO SOVIÉTICA 3.020.000
- IRLANDA 5.000
- REINO UNIDO 385.000
- DINAMARCA 7.800
- HOLANDA 112.000
- POLÔNIA 3.325.000
- ALEMANHA 525.000
- BÉLGICA 65.700
- LUXEMBURGO 3.500
- CHECOSLOVÁQUIA 357.000
- FRANÇA 330.000
- SUÍÇA 18.000
- ÁUSTRIA 185.000
- HUNGRIA 401.000
- ROMÊNIA 757.000
- IUGOSLÁVIA 70.000
- BULGÁRIA 49.000
- ITÁLIA 42.500
- ALBÂNIA 200
- PORTUGAL 1.000
- ESPANHA 4.000
- GRÉCIA 77.000
- TURQUIA 80.000
- LÍBANO 5.000
- SÍRIA 25.000
- ISRAEL 401.600
- TUNÍSIA 85.500
- MARROCOS 210.000
- ARGÉLIA 120.000
- LÍBIA 30.000
- EGITO 70.000

Ilustração de Gilnei Cunha

Você sabia?

Vista aérea de Auschwitz-Birkenau.

Universal History Archive/Getty Images

Mulheres perfiladas logo após chegada a Auschwitz.
http://collections.yadvashem.org/photosarchive/en-us/97836_95503.html

Em junho de 1941, com a invasão alemã sobre a União Soviética, unidades móveis de extermínio, os *Einsatzgruppen*, junto ao exército regular e colaboracionistas locais, deram início ao assassinato sistemático dos judeus soviéticos. Essa foi a primeira vez que se utilizou do extermínio massivo e sistemático dos judeus. No final de 1941, começo de 1942, os nazistas estabeleceram campos de extermínio, começaram as deportações e aperfeiçoaram os métodos de matança em massa.

> *Einsatzgruppen*
> Grupos de operações do serviço de segurança e da polícia de segurança (SD). Eram unidades de inteligência da polícia que trabalhavam junto ao exército alemão. O termo também é utilizado para as unidades móveis de assassinato da SS, que acompanharam o exército alemão na invasão à União Soviética em 1941.

PROPOSTA DE ATIVIDADE

Trabalho com depoimentos

1. Sugere-se que os alunos sejam divididos em pequenos grupos.
2. O professor distribui aos alunos depoimentos de crianças (sugeridos a seguir).
3. Propõe-se que os estudantes escolham um depoimento e pensem sobre ele. Após, solicita-se que cada aluno escreva em uma folha em branco uma palavra que expresse por que escolheu aquele determinado depoimento.

Depoimento 1: Elie (15 anos), Romênia.

"Ele deu a ordem: Homens à esquerda! Mulheres à direita! Seis palavras ditas de forma tranquila, indiferente, sem emoção. Seis palavras curtas, simples. No entanto, este foi o momento em que me separei de minha mãe. Não tive tempo de pensar, mas todo o tempo senti a pressão da mão de meu pai. Estávamos sozinhos. Durante uma fração de segundos, entrevi minha mãe e minha irmã distanciando-se para a direita. Tzipora segurava a mão de minha mãe. As vi desaparecer na distância; minha mãe estava acariciando o cabelo ruivo de minha irmã, como para protegê-la, enquanto eu caminhava com meu pai e outros homens, eu não sabia que naquele lugar, naquele momento, estava me separando de minha mãe e de Tzipora definitivamente."

Depoimento 2: Livia (13 anos), Hungria.

"Nossa marcha para a direita se fez mais lenta, até parar. Mais adiante, uma enorme porta ameaçava. Sobre ela um arco de enormes letras de metal se estendia com uma coroa sinistra: *ARBEIT MACHT FREI*, O TRABALHO LIBERTA. Quem sabe mamãe tinha razão. Trabalharíamos e seríamos tratados como seres humanos. Alimentados e vestidos. Mas 'FREI'? LIVRES? Que queriam dizer com isso?"

(*Continua*)

PROPOSTA DE ATIVIDADE

(*Continuação*)

Depoimento 3: Rosa (11 anos), Polônia.
"Recebia alimento uma vez por dia. Nos davam café preto e pão... uma pequena porção de pão preto e um pouco de sopa aguada... Tinha que esperar vinte e quatro horas para a próxima refeição, assim é que realmente a comida era algo que a gente estava esperando. Era o momento mais importante do dia."

Depoimento 4: Pner Jiri Zappner (14 anos), Terezin.
"Enquanto as crianças de todo o mundo têm seus próprios quartos, nós temos liteiras de 70x30 cm. Eles têm sua liberdade; nós vivemos como cachorros presos."

Depoimentos extraídos de: Tatelbaum (2008).

PARA VER

Amen

Costa Gravas
França, Romênia, Alemanha
2001

Kurt Gerstein é um oficial do Terceiro Reich que trabalhou na elaboração do Zyklon B, gás mortífero originalmente desenvolvido para a matança de animais, mas usado para exterminar milhares de judeus durante a Segunda Guerra Mundial. Gerstein se revolta com o que testemunha e tenta informar os aliados sobre as atrocidades nos campos de concentração. Católico, busca chamar a atenção do Vaticano, mas suas denúncias são ignoradas pelo alto clero. Apenas um jovem jesuíta lhe dá ouvidos e o ajuda a organizar uma campanha para que o Papa quebre o silêncio e se manifeste contra as violências ocorridas em nome de uma suposta supremacia racial.

(*Continua*)

PARA VER

(Continuação)

Chave de Sarah, A (*Elle s'appelait Sarah*)

Gilles Paquet-Brenner
França
2011

Em 1942, durante a ocupação alemã na França, na Segunda Guerra Mundial, Sarah Starzynski é uma jovem judia que vive em Paris com os pais e o irmão caçula, Michel. Eles são expulsos do apartamento em que moram por soldados nazistas que os levam até um campo de concentração. Na intenção de salvar Michel, Sarah o tranca dentro de um armário escondido na parede de seu quarto e pede que ele não saia de lá até que ela retorne. A situação faz com que Sarah tente a todo custo retornar para casa, no intuito de salvar o irmão. Décadas depois, a jornalista Julia Jarmond é encarregada de preparar uma reportagem sobre o período em que Paris esteve dominada pelos nazistas. Ao investigar sobre o assunto, encontra um elo entre sua família e a história de Sarah.

Cinzas da guerra (*The grey zone*)

Tim Blake Nelson
Estados Unidos
2001

Miklos Nyiszli é um judeu que foi escolhido por Josef Mengele para trabalhar como patologista no campo de concentração de Auchswitz, em plena Segunda Guerra Mundial. Nyiszli vive com o dilema de ajudar a exterminar seu próprio povo ou garantir mais algum tempo de vida para si, que ele mesmo não sabe quanto será. Assim como ele, existem diversos outros judeus, que foram os *Sonderkommandos*, que pretendem se rebelar contra os nazistas. Até que, quando o motim está prestes a começar, eles descobrem uma garota de 14 anos que inexplicavelmente sobreviveu à câmara de gás.

Trem da vida, O (*Train de vie*)

Radu Mihaileanu
França
1998

Mostra a trajetória de moradores de uma aldeia judia do Leste Europeu que, ao saberem da aproximação dos nazistas, fogem de trem para a Rússia. Para passarem despercebidos pelos alemães, fingem que foram capturados pelo exército de Hitler e estão a caminho de um campo de concentração. A bordo, há os capturados, os oficiais da SS disfarçados, a tripulação. A farsa se transforma em cruel realidade quando os passageiros começam a se comportar como os personagens que interpretam.

PARA PESQUISAR

BROWNING, C. *Aquellos hombres grises*. Barcelona: Edhasa, 2002.

A partir do estudo do Batalhão 101, formado por profissionais alemães de classe média, responsável pelo transporte de judeus no período de 1942 a novembro de 1943, Chistopher R. Browning oferece uma reflexão sobre pessoas normais no genocídio judaico.

FRANKL, V. E. *Em busca de sentido*: um psicólogo no campo de concentração. São Leopoldo: Sinodal; Petrópolis: Vozes, 2008.

Viktor Frankl conta sua experiência no campo de Auschwitz, seu relato é contundente e mostra uma visão do campo de extermínio acompanhada de uma análise psicanalítica profunda.

LEVI, P. *É isto um homem?* Rio de Janeiro: Rocco, 1988.

Primo Levi conta sua experiência como sobrevivente do Holocausto. Seu texto é perturbador por mostrar o Holocausto como algo extremamente próprio do ser humano.

SPIEGELMAN, A. *Maus*: a história de um sobrevivente. São Paulo: Companhia das Letras, 2005.

História em quadrinhos sobre a vida dos judeus na Polônia ocupada pelos nazistas. O relato que deu origem ao livro é do pai do autor, que vivenciou a ocupação.

TATELBAUM, I. B. *A través de nuestros ojos*: los niños testimonian el Holocausto. Jerusalén: Yad Vashem, 2008.

Anotações nos diários de crianças e testemunhos de sobreviventes, compilados de forma cronológica, relatam o período do pré-guerra e de ocupação e perseguição nazista aos judeus.

Capítulo 8

Nazismo – estratégias de resistência

Uma das frases mais conhecidas sobre o Holocausto é aquela que afirma que "os judeus foram como rebanho ao matadouro". A ideia de que milhões de pessoas foram exterminadas sem reagir é uma visão simplista da realidade de milhares que enfrentaram o domínio nazista.

Para compreender a situação, é preciso reconhecer que o genocídio visou civis que não estavam preparados para enfrentar a máquina de morte criada pelo nazismo. Pessoas comuns, sem nenhum envolvimento político, de um momento para o outro, foram colocadas em uma situação para a qual não estavam preparadas a reagir.

Então, o que chamamos aqui de resistência foram os movimentos que cada um realizou, a partir de suas possibilidades, para enfrentar a situação de opressão a que estavam expostos, mesmo que tenha sido, simplesmente, o ato de sobreviver. Sobreviver era, assim, uma forma de resistência.

Inegavelmente, não apenas no processo da guerra antifascista, mas no interior das nações ocupadas, a resistência existiu e, em particular na Alemanha, foi praticamente dizimada. De qualquer modo, não se podem esquecer os habitantes da cidade de Stalingrado, que resistiram à ocupação nazista na URSS; dos *partisans* e de todos que empreenderam a luta armada. Assim como é preciso recordar a importante resistência no campo cultural, com pessoas como Bertolt Brecht.

> ***partisans***
> Grupos combatentes de guerrilheiros que operavam no território sob ocupação inimiga.

Por meio do teatro de Brecht, "[...] podemos ter uma clara denúncia do estado de coisas que se passara na Alemanha nazista e de como eram tratados os cidadãos e, sobretudo, de como se davam as relações sociais, sempre baseadas no medo e na insegurança" (DOMINGOS; MACIEL, 2012, p. 84).

Importante também foi o Levante do Gueto de Varsóvia, em que jovens, quase sem armas e sem nenhum apoio da população que cercava o Gueto, lideraram o que pode ser visto como a primeira revolta civil contra a ocupação nazista.

> **Janush Korczak**
> Pedagogo judeu polonês, famoso por suas teorias sobre educação para crianças, responsável por cuidar de um orfanato com 200 crianças no Gueto de Varsóvia. Assassinado junto com suas crianças em Treblinka, em julho de 1942.
>
> **Emanuel Ringelblum**
> Historiador judeu-polonês (1900-1944). Preparou um grande trabalho de documentação da ocupação nazista na Polônia. Seus registros servem como testemunho da tragédia judaica na Polônia ocupada. Fez parte do movimento clandestino judeu-sionista contra a ocupação nazi. Foi assassinado pela Gestapo em março de 1944.
>
> *Oneg Shabat* **(Prazer do Shabat)**
> Grupo organizado pelo historiador Emanuel Ringenblum com o objetivo de preservar o máximo de documentos sobre o domínio nazista na Polônia.

É interessante ressaltar, também, pequenos movimentos de resistência, muitas vezes solitários, como o de **Janush Korczak**, pseudônimo de Henryk Goldzmit, médico e pedagogo que administrava um orfanato em Varsóvia e que, com a invasão alemã, foi obrigado a ir para o Gueto, onde organizou um orfanato para as crianças judias. Janush Korczak, por ser famoso em toda a Europa, foi várias vezes convidado a fugir do Gueto. Ele recusou todas as ofertas, preferindo dedicar-se ao cuidado do orfanato. Relatos contam que ele foi levado, em 5 de agosto de 1942, junto com as crianças ao campo de extermínio de Treblinka. Outro exemplo interessante é o de **Emanuel Ringelblum**, que, durante os primeiros meses da guerra, criou um arquivo secreto chamado *Oneg Shabat* (**Prazer do Shabat**), que tinha como objetivo registrar tudo o que estava acontecendo com os judeus poloneses. Essa documentação foi preservada em recipientes para leite e enterrada para servir de fonte para a compreensão da vida judaica na Polônia sob o domínio nazista. Ringelblum foi fuzilado junto com sua família nas ruínas do Gueto de Varsóvia.

Resistiam ao nazismo, sobretudo, milhares de pessoas que tentaram de todas as formas proteger suas vidas e as de suas famílias.

PROPOSTA DE ATIVIDADE

Jornal da resistência

1. O professor propõe aos alunos a elaboração de um jornal, impresso ou *online*, que apresente por meio da linguagem jornalística as diversas formas de resistência ao nazifascismo.
2. O jornal se constituirá de seções, cada uma representando uma forma de resistência. Uma última seção será "Depoimentos de uma resistência imaginada", na qual o grupo irá criar um depoimento fictício de uma forma de resistência ao nazismo que teria sido bem-sucedida, caso, na época, estivesse no papel de oposição ao regime nazista.
3. Seções: resistência armada, resistência política, resistência cultural, resistências pela sobrevivência.
4. O jornal será editado e publicado pelo professor.

PARA VER

Ato de liberdade, Um (*Defiance*)

Edward Zwick
Estados Unidos
2008

A história se passa em 1941. Tuvia, Zus e Asael são irmãos que, ao fugir da perseguição nazista aos judeus, se escondem em uma floresta que conhecem desde a infância. De início eles apenas pensam em sobreviver, mas, à medida que notícias sobre seus atos de bravura se espalham, diversas pessoas passam a procurá-los em busca de liberdade.

200 crianças do Dr. Korczak, As (*Dr. Korczak*)

Andrzej Wajda
Polônia
1990

O filme acompanha a história do pediatra e educador polonês Janusz Korczak, que manteve um orfanato de crianças judias, conhecido como "República de Crianças", durante a primeira metade do século XX. Nesse orfanato, no Gueto de Varsóvia, Korczak fornece abrigo para 200 crianças e coloca seus métodos educativos experimentais em prática, instalando uma espécie de autogoverno das crianças. O filme mostra o contraste da justiça que acontecia dentro do orfanato com as injustiças ocorridas fora dele, com dezenas de crianças morrendo. O filme vai mostrando a trajetória do educador e sua heroica dedicação para proteger órfãos judeus durante a guerra.

PARA PESQUISAR

CASTRO, N. A. P. de (Org.). *Cinema e Segunda Guerra*. Porto Alegre: FAURGS, 1999.

O livro faz um preciso levantamento de películas cinematográficas sobre o tema da Segunda Guerra, oferecendo um repertório crítico e analítico dos filmes.

DOMINGOS, C. S. M.; MACIEL, T. Quando a última trincheira é o livro: a sociedade alemã durante o nazismo em "Terror e miséria no III Reich". *MÉTIS: História & Cultura* – v. 8, n. 15, p. 83-101, jan./jun. 2009.

Estudo da sociedade alemã na época do nazismo, a partir da análise da peça teatral *Terror e miséria no III Reich*, escrita pelo dramaturgo alemão Bertolt Brecht.

FRANK, A. *O diário de Anne Frank*. Rio de Janeiro: Record, 2002.

Diário de uma jovem judia alemã morta em Bergen-Belsen em 1945. Sua leitura é ideal para jovens adolescentes.

Capítulo 9

Genocídio – o conceito

O genocídio é um crime contra a humanidade. Trata-se da destruição total ou parcial de um grupo nacional, étnico, racial ou religioso. Esse crime foi definido pelo jurista Raphael Lemkim em 1945, após a Segunda Grande Guerra. A prática genocida consiste em uma espécie de providência, no sentido de impedir a continuidade de um grupo.

O extermínio genocida não cessou com o final da Segunda Grande Guerra. Nem se restringiu, na história da humanidade, ao povo judeu. E essa é uma questão de alta relevância para os estudos da história do Holocausto. Pensar a prática genocida implica pensar um crime cometido contra a humanidade, que se abate contra qualquer grupo humano.

Na leitura de Bauman, o Holocausto é um evento típico do mundo moderno. Segundo o autor, o racismo não pode ser pensado "[...] sem o avanço da ciência moderna, da tecnologia moderna e das formas modernas de poder estatal. Como tal, o racismo é estritamente um produto moderno. A modernidade tornou o racismo possível" (BAUMAN, 1998, p. 83).

Nesse sentido, o problema do Holocausto ultrapassa os limites das comunidades judaicas que tiveram seus ancestrais vitimados pelo nazismo. Ao contrário, o Holocausto se mostra como um problema de todos, de todos aqueles que se dispõem a lutar pela dignidade humana, contra as práticas que impedem que as diferenças existam. Mas que impedem, mais ainda, que se olhe para o mundo e para a humanidade como oceano de multiplicidades.

Logo, a crítica à prática genocida é também um modo de afirmar as diferenças e de combater o pensamento único.

O extermínio de populações e povos inteiros na África, no longo processo da escravidão moderna, pode ser considerado um crime contra a humanidade e não se pode deixar de pontuar o caráter genocida desse extermínio. O mesmo se propõe pensar em relação às populações indígenas, algumas das quais desapareceram completamente.

Ainda hoje convivemos com práticas genocidas. Um exemplo importante é o caso da Bósnia, onde se verificou, em plena década de 1980, uma tentativa de limpeza étnica, com campos de concentração e tudo mais. As condições que os europeus deixaram no processo de colonização e descolonização da África acirraram lutas étnicas, legando genocídios, como, por exemplo, o de Ruanda.

PROPOSTA DE ATIVIDADE

Depoimentos

1. Para esta atividade, sugere-se o trabalho com "Rodas de Memória". O procedimento é convidar um sobrevivente do Holocausto ou um parente de uma pessoa morta pelos nazistas em campos de extermínio; uma pessoa de uma comunidade afrodescendente de um Território Remanescente de Comunidade Quilombola que possa depor sobre a questão da escravidão; um membro de uma comunidade indígena.
2. Sugere-se que a "Roda de Memória" torne visíveis histórias da vida cotidiana nos campos, nos guetos; processos de resistência à morte, de resistência cultural; processos de lutas por direitos à terra, como o caso de afrodescendentes remanescentes de comunidades quilombolas e dos indígenas; processos de memórias e ancestralidades.
3. Após a realização da "Roda de Memória", os estudantes, desta vez sozinhos, poderão escrever a respeito da experiência e trazer memórias de acontecimentos que, no mundo de hoje, lembram tudo o que foi falado. Espera-se que, por exemplo, venham à tona temas como o racismo no futebol, a homofobia, etc. Caso tais temas não apareçam como sugestão dos estudantes, é importante que o professor os inclua na discussão.
4. Como trabalho de pesquisa, os estudantes poderão construir um quadro sobre episódios semelhantes ao Holocausto na história.

PARA VER

Amistad

Steven Spielberg
Estados Unidos
1997

Costa de Cuba, 1839. Dezenas de escravos negros se libertam das correntes e assumem o comando do navio negreiro La Amistad. Eles sonham retornar para a África, mas desconhecem navegação e se veem obrigados a confiar em dois tripulantes sobreviventes, que os enganam e fazem com que, após dois meses navegando desordenadamente, cheguem à costa de Connecticut e sejam capturados por um navio norte-americano. Os africanos são inicialmente julgados pelo assassinato da tripulação. O caso toma vulto, e o presidente norte-americano Martin Van Buren, que sonha ser reeleito, tenta a condenação dos escravos, o que agradaria aos estados do sul e também fortaleceria os laços entre Estados Unidos e Espanha, pois a jovem Rainha Isabella II alega que tanto os escravos quanto o navio são seus e devem ser devolvidos. Os abolicionistas vencem, mas o governo apela e a causa chega à Suprema Corte Americana. Tal quadro faz o

(Continua)

PARA VER

(Continuação)

ex-presidente John Quincy Adams, um abolicionista não assumido, sair de sua aposentadoria voluntária para defender os africanos.

Hotel Ruanda (*Hotel Rwanda*)

Terry George
Reino Unido, África do Sul, Itália
2004

Em 1994 um conflito político em Ruanda levou à morte quase um milhão de pessoas em apenas cem dias. Sem apoio dos demais países, os ruandenses tiveram de buscar saídas em seu próprio cotidiano para sobreviver. Uma delas foi oferecida por Paul Rusesabagina, que era gerente do hotel Milles Collines, localizado na capital do país. Contando apenas com sua coragem, Paul abrigou no hotel mais de 1.200 pessoas durante o conflito.

Vida secreta das palavras, A (*La vida secreta de las palavras*)

Isabel Coixet
Estados Unidos/ Espanha
2004

Hannah tem 30 anos, é introvertida, solitária, misteriosa e trabalha em uma indústria têxtil. Ela vai passar as férias em um pequeno povoado costeiro, em frente a uma plataforma petrolífera. Um incidente faz com que ela permaneça alguns dias na plataforma cuidando de Josef, que sofreu uma série de queimaduras que o deixaram cego temporariamente. Com ele trabalham vários outros homens, cada um com uma personalidade marcante.

PARA PESQUISAR

BAUMAN, Z. *Modernidade e Holocausto*. Rio de Janeiro: Jorge Zahar, 1998.
   Prêmio Amalfi de 1989, Zygmund Bauman, sociólogo polonês, explica a importância do estudo do Holocausto em nossos dias.

Capítulo 10

Holocausto – a reação

Em maio de 1945, os alemães capitularam. A guerra contra o fascismo estava chegando ao fim. Mas o término da guerra não significou o fim da ideologia nazista, tampouco o ajuste de contas em memória das milhares vítimas da máquina de morte organizada pelo Estado nazista.

O espanto e o horror em escala inimaginável deixaram marcas profundas não apenas na Europa, mas em todo o mundo, principalmente quando se pensa que tudo ocorreu em um mundo pensado para preservar os valores mais altos da sociedade liberal: a vida, o direito à liberdade de expressão e, na ordem do dia do pós-guerra, os direitos humanos.

Desde a entrada dos Estados Unidos e da URSS, em 1941, a Segunda Guerra Mundial, que poderia ser considerada um novo rearranjo das áreas de influência e dos territórios europeus e coloniais, tornou-se uma luta entre os povos que defendiam a democracia e os regimes totalitários. O desembarque na Normandia, em 6 de junho de 1944, conhecido como **Dia D**, representou uma escalada inexorável de reconquista da Europa ante a ocupação nazista. O avanço dos aliados pelo continente europeu decretou o fim da guerra naquele continente.

Assim, após a derrota do nazifascismo, eram necessários dois movimentos conjuntos: o primeiro, um julgamento daqueles que participaram do longo e terrível processo de extermínio e genocídio em pleno solo da civilização ocidental; o segundo, a criação de mecanismos internacionais que pudessem ser eficazes na prevenção de novas formas de genocídio e de novos atentados aos direitos humanos.

> **Dia D**
> O dia 6 de junho de 1944 é conhecido como o Dia D porque foi o momento em que os aliados desembarcaram na região da Normandia, norte da França, e partiram para uma ofensiva decisiva contra a ocupação nazista na Europa.

Ao mesmo tempo, tornou-se necessário que a história não fizesse um relato atribuindo ao "gênio maligno" de Hitler a arquitetura de morte criada pela máquina nazista. O papel dos historiadores foi o de compreender as injunções históricas ou as condições de possibilidade de Hitler, dos nazistas e da racionalidade da máquina de morte institucionalizada na forma do Estado. A história não é movida pela "mente sórdida" de um homem, mas pelas lutas e pelos conflitos de ideias, mentalidades, posições políticas.

> **Tribunal de Nuremberg**
> Começou a funcionar em novembro de 1945, na cidade de mesmo nome, na Baviera, que foi sede do Partido Nacional-Socialista. Estados Unidos, URSS, França e Inglaterra estavam representados nesse julgamento, que visava analisar os seguintes delitos: conspiração contra a paz, crimes contra a paz, crimes de guerra e crimes contra a humanidade.
>
> **Adolf Eichmann**
> Responsável pela logística do extermínio de milhares de pessoas, nomeadamente a organização dos processos de identificação e transporte de pessoas para os diferentes campos de concentração, Eichmann entrou na Argentina com o nome de Ricardo Clement, mas foi sequestrado e levado para ser julgado em Jerusalém.

Nesse sentido, ela tem o compromisso político de reconstruir a memória e levar ao esquecimento as práticas de extermínio e genocídio vividos durante a guerra. Abrir esse espaço ao esquecimento, no entanto, não quer dizer deixar de falar, de tornar visível, de recordar que tais práticas existiram, mas, sim, não permitir que novos arranjos históricos possam levar outra vez a humanidade ao nazifascismo.

Após o fim da guerra, o julgamento dos nazistas foi realizado na cidade alemã de Nuremberg, pelo chamado **Tribunal de Nuremberg**, iniciado já em 1945, levando vários dirigentes nazistas, considerados criminosos de guerra, à prisão perpétua e à condenação à morte.

O julgamento de **Adolf Eichmann** ocorreu em 1963, em Jerusalém, e teve grande cobertura jornalística. Hannah Arendt realizou a cobertura desse processo para o jornal *The New Yorker*. Arendt termina por publicar um livro sobre o evento, expressando sua leitura do que chamou de "a banalidade do mal". O livro, intitulado *Eichmann Trial: A Report on the Banality of Evil*, levanta a questão da responsabilidade moral daqueles que participaram do genocídio, uma vez que Eichmann não compreendia a razão de seu julgamento, já que não se achava responsável pelas atrocidades cometidas.

O tema é importante e de alta relevância para discussão no campo educacional.

O mundo do pós-guerra compreendeu bem que, em uma sociedade como a nossa, cada indivíduo é totalmente responsável por seus atos, sejam eles advindos de ordens de superiores ou de outra forma. O livre arbítrio é o que rege as relações sociais na sociedade liberal; portanto, não é possível alegar lavagem cerebral, desconhecimento ou ignorância.

PARA PENSAR

Adolf Eichmann, o responsável pela logística do transporte dos judeus aos campos de concentração e extermínio poderia alegar que cumpria ordens? É possível eximir-se de responsabilidade pelos acontecimentos? É possível dizer que nada sabia do que estava acontecendo e alegar inocência?

A Assembleia Geral das Nações Unidas proclamou, em 10 de dezembro de 1948, a Declaração Universal dos Diretos Humanos, que propõe afastar a possibilidade de novos processos de violação dos direitos humanos no mundo.

PROPOSTA DE ATIVIDADE

Trabalhando com documentos

1. Discussão sobre o conceito de Direitos Humanos, a partir do documento.
2. A partir da leitura dos artigos da Declaração dos Direitos Humanos (DDH), criar um poema endereçado aos que, ainda hoje, violam esses direitos, não obstante a aprovação da Declaração.
3. Os poemas da turma poderão fazer parte de uma publicação em um *blog* com o título: **Direitos Humanos: um problema atual**.

Declaração dos Direitos Humanos

Documento disponível no Portal da ONU – http://www.onu.org.br

PARA VER

Julgamento em Nuremberg (*Judgement at Nuremberg*)

Stanley Kramer
Estados Unidos
1961

Haviam se passado três anos desde que os mais importantes líderes nazistas tinham sido julgados em Nuremberg. Dan Haywwod, um juiz aposentado norte-americano, tem uma árdua tarefa, pois preside o julgamento de quatro juízes que usaram seus cargos para permitir e legalizar as atrocidades nazistas contra o povo judeu durante a Segunda Guerra Mundial. À medida que surgem no tribunal as provas de esterilização e assassinato, a pressão política é enorme, pois a Guerra Fria está chegando e ninguém quer mais julgamentos como os da Alemanha. Além disso, os governos aliados querem esquecer o passado. A atitude certa que se deve tomar é a questão que esse tribunal tentará responder.

(*Continua*)

PARA VER

(*Continuação*)

Julgamento de Nuremberg, O (*Nuremberg*)

Yves Simoneau
Canadá/Estados Unidos
2000

Com o fim da Segunda Guerra Mundial, os países aliados reuniram-se em Nuremberg, na Alemanha, para decidir o destino de oficiais nazistas, julgados por bárbaros crimes cometidos nos campos de concentração, em nome da loucura do III Reich. Entre eles está o notório Hermann Goering. Com os ombros pesados pela responsabilidade e todos os olhos do mundo voltados para aquela corte, o promotor Robert Jackson questiona os direitos dos acusados. É como fazer valer a justiça no mais importante julgamento da história. Com ricos detalhes sobre o julgamento de Nuremberg, esse filme manteve-se fiel até às transcrições das fitas gravadas na corte, aqui também reproduzidas fielmente. Todo o drama e dilema dos acusadores foram minuciosamente recriados nessa produção inquestionavelmente perfeita.

PARA PESQUISAR

ARENDT, H. *Eichmann em Jerusalém*: um relato sobre a banalidade do mal. São Paulo: Companhia das Letras, 1999.

> Hanna Arendt, após observar o julgamento de Adolf Eichmann, analisa a postura de vários burocratas que, como Eichmann, participaram ativamente do Holocausto. O tema do ser humano moldado pelo totalitarismo nazista é analisado de forma brilhante.

Capítulo 11

O Brasil na época do nazismo

Enquanto a Europa mergulhava no domínio do nazifascismo e o genocídio se constituía em uma política de Estado, no caso da Alemanha nazista, o Brasil passava por significativas transformações que valem ser destacadas: em primeiro, a chamada Revolução de 1930, que promoveu um rompimento com o domínio das oligarquias e constituiu um Estado de compromisso que contou com a participação de grupos sociais emergentes desligados, sobretudo, da oligarquia paulista; em segundo lugar, o Brasil viu emergir na primeira metade dos anos 1930 o desenvolvimento de grupos políticos com posições bastante polarizadas, a exemplo do que ocorria na Europa. Verificava-se, de um lado, o crescimento significativo da Aliança Nacional Libertadora (ANL), liderada por Luis Carlos Prestes, com uma clara influência dos comunistas, que culminou, em 1935, com o movimento conhecido como a Intentona comunista, reprimido pelo governo Vargas; de outro, a formação de um grupo de direita com clara inspiração fascista, que foi a Ação Integralista Brasileira, liderada por Plínio Salgado, mas que não teve a expressão e a importância da ANL. O maior destaque, entretanto, fora o golpe de Estado promovido por Getúlio Vargas em 1937, que resultou na instituição de uma ditadura, o Estado Novo. Getúlio utilizou-se notavelmente do argumento do avanço do comunismo para instituir um governo forte e salvador. Em função disso, entregou ao Brasil uma Constituição autoritária, estabelecendo um forte sistema de censura e controle dos meios de comunicação e da produção cultural, bem como centralizando o poder.

Por último, pode-se destacar a posição do governo Vargas em relação à Segunda Guerra. Em princípio, o governo adotou uma posição de neutralidade diante da guerra, mas, em função do ataque a embarcações brasileiras por parte de submarinos alemães e das manifestações populares antifascistas, acabou por entrar na guerra ao lado dos aliados. É importante considerar que o Brasil estava em uma zona de influência dos Estados Unidos, que já pregavam um pan-americanismo sob a liderança norte-americana.

Ao final da Guerra, a posição do governo autoritário de Vargas se tornou insustentável, uma vez que o mundo se abria para um momento de crítica aos sistemas políticos ditatoriais.

> **Luiz Martins de Souza Dantas**
> Diplomata brasileiro. Sob o ofício de missão diplomática brasileira na França, concedeu vistos a vários judeus e outras minorias perseguidas.
>
> **Aracy de Carvalho Guimarães Rosa**
> Foi uma poliglota brasileira que prestou serviços ao Itamaraty, tornando-se a segunda esposa do escritor João Guimarães Rosa. Trabalhou no consulado de Hamburgo ao lado de Guimarães Rosa, sendo responsável pela Seção de passaportes.

É importante destacar também a postura do governo de Getúlio em relação aos refugiados judeus que tentavam escapar da Europa durante o governo nazista na Alemanha, consistindo em uma atitude contrária às tentativas de migração de judeus para o Brasil. O Itamarati, liderado por Oswaldo Aranha, não via com bons olhos a entrada de pessoas de origem semita no Brasil. Por meio da circular secreta 1.127, fica clara a restrição à entrada de pessoas de origem semita no País. Em 1943, ocorre a demissão do Consul brasileiro em Marselha, **Luiz Martins de Souza Dantas**, que, juntamente com **Aracy de Carvalho Guimarães Rosa** (na época responsável pelo setor de passaportes em Hamburgo), havia distribuído centenas de vistos, escritos com próprio punho, permitindo a entrada de judeus, comunistas e outros grupos em território brasileiro. Aracy e Souza Dantas receberam o título de "justos entre as nações", título com que o Estado de Israel homenageia aqueles que arriscaram suas vidas para salvar inocentes da perseguição nazista.

PROPOSTA DE ATIVIDADE

1. O professor propõe que os alunos pesquisem sobre a vida de dois personagens históricos, pouco destacados na literatura, Luiz Martins de Souza Dantas e Aracy de Carvalho Guimarães Rosa. A pesquisa deverá indicar informações biográficas e informações sobre a participação de cada um na entrada, no Brasil, de pessoas que fugiam do nazismo.
2. Os grupos poderão apresentar o resultado da pesquisa na forma de um jornal da História.

PARA VER

Olga

Jayme Monjardim
Brasil
2004

Com roteiro baseado no livro de Fernando Morais, o filme conta a história de Olga Benário, judia alemã, militante do Partido Comunista, que veio ao Brasil para ajudar Luis Carlos Prestes a organizar o movimento revolucionário. Em função da repressão ao levante comunista de 1935, Olga foi presa e deportada para a Alemanha, onde morreu em um campo de concentração.

PARA PESQUISAR

FAUSTO, B. *História do Brasil.* São Paulo: USP, 2012.

O livro cobre toda a história do Brasil, desde a colonização até os governos da Nova República, e se destina a um público que vai desde o universo do ensino médio até as Universidades. O livro tem cronologia histórica, glossário bibliográfico e índice onomástico.

CARNEIRO, M. L. T. *O anti-semitismo na Era Vargas:* fantasmas de uma geração. 3. ed. ampl. São Paulo: Perspectiva, 2001.

A partir de uma rigorosa pesquisa documental, principalmente do Itamarati, a autora revela todo o antissemitismo no interior do próprio governo Vargas.

CARNEIRO, M. L. T. Muralha anti-semita. *Revista de história. com.br*, set.2007. Disponível em: http://www.revistadehistoria.com.br/secao/capa/muralha-anti-semita. Acesso em 7 ago. 2013.

http://www.revistadehistoria.com.br/secao/capa/muralha-anti-semita

Conclusão

Concluir um livro é sempre uma tarefa que implica corte e estabelecimento de posições definitivas. Nesta guisa de conclusão, pretendemos apenas reafirmar o que já foi apresentado desde o prefácio, salientando duas ideias principais:

a) o fato de que o Holocausto não é apenas um evento da história judaica, mas um trauma da história do Ocidente e da história da humanidade. Logo, pensar o Holocausto é pensar a nossa própria humanidade, é supor o quanto podemos fazer ou ser em relação ao Outro e em relação à diferença do Outro;
b) o fato de que ensinar o Holocausto não se reduz à explicitação de uma quantidade determinada de mortos em um genocídio, ainda que isso seja importante, mas que o estudo do Holocausto, assim como o estudo de qualquer acontecimento histórico, consiste em um olhar para si mesmo e para o cotidiano. Dizemos que é preciso aprender com a História e que ensinar História é também ensinar a constituir comportamentos, atitudes e modos de vida. Logo, ensinar o Holocausto é ensinar a olhar para as coisas da vida de agora, para a relação que, hoje, estabelecemos com os outros e com as suas singularidades.

Assim, concluímos não só um estudo sobre o Holocausto, mas usamos o estudo desse acontecimento para pensar a nossa própria vida e tudo o que nos diz respeito nos dias de hoje. Sobretudo o que diz respeito aos mundos que pensamos possíveis, aqueles nos quais a beleza está no convívio das diferenças.

Glossário

Adolf Eichmann. Responsável pela logística do extermínio de milhares de pessoas, nomeadamente a organização dos processos de identificação e transporte de pessoas para os diferentes campos de concentração, Eichmann entrou na Argentina com o nome de Ricardo Clement, mas foi sequestrado e levado para ser julgado em Jerusalém.

Antissemita. Pessoa com preconceito contra os judeus.

Aracy de Carvalho Guimarães Rosa. Foi uma poliglota brasileira que prestou serviços ao Itamaraty, tornando-se a segunda esposa do escritor João Guimarães Rosa. Trabalhou no consulado de Hamburgo ao lado de Guimarães Rosa, sendo responsável pela Seção de passaportes.

Campos de concentração. Campos de detenção de minorias perseguidas, onde essas pessoas poderiam ser utilizadas em trabalhos forçados para a máquina de guerra nazista.

Campos de extermínio. Auschwitz-Birkenau ou Auschwitz II, Belzec, Chelmno, Majdanek, Sobibór, Treblinka. Campos criados a partir de 1941 com o objetivo de assassinar judeus, ciganos e homossexuais. Nesses lugares foram exterminados aproximadamente 3 milhões de pessoas.

Capitalismo. Modo de produção baseado na propriedade privada dos meios de produção. Sistema econômico fundado nos princípios teóricos do liberalismo, do livre mercado e da livre iniciativa.

Chauvinismo. Patriotismo exagerado, excesso de ufanismo, demonstrado de maneira agressiva e fanática. Ufanismo nacionalista ou euforia em excesso pelo que é nacional. Sensação de desprezo demonstrada por tudo que é estrangeiro.

Crise de 1929. Crise que se iniciou nos Estados Unidos e se espalhou para o resto do mundo, atingiu seu momento mais crítico com o chamado Crack da Bolsa de Nova York, em 24 de agosto de 1929, quando as ações não mais encontraram compradores, levando à ruína instituições financeiras e pessoas comuns acostumadas a aplicar em ações.

Culto à personalidade. Prática típica de regimes totalitários, que consiste no culto ao líder e às suas qualidades superiores, por meio, sobretudo, da propaganda. Exemplos importantes de culto à personalidade são os casos de Hitler, na Alemanha, e de Stalin, na União Soviética.

Declaração Universal dos Direitos do Homem e do Cidadão. Anunciada em 26 de agosto de 1789, representa a ruptura com o Antigo Regime, intimamente ligada à Revolução Francesa, afirmando a ideia dos direitos naturais do homem e a igualdade de todos perante a lei.

Democracia liberal. Organização da vida política na sociedade capitalista e liberal, baseada em eleições livres e no princípio da representação.

Departamento de assuntos judaicos. Departamento criado em 1935. Adolf Eichmann rapidamente se especializou em assuntos judaicos. Esse departamento participou ativamente na "Solução Final".

Dia D. O dia 6 de junho de 1944 é conhecido como o Dia D porque foi o momento em que os aliados desembarcaram na região da Normandia, norte da França, e partiram para uma ofensiva decisiva contra a ocupação nazista na Europa.

Einsatzgruppen. Grupos de operações do serviço de segurança e da polícia de segurança (SD). Eram unidades de inteligência da polícia que trabalhavam junto ao exército alemão. O termo também é utilizado para as unidades móveis de assassinato da SS, que acompanharam o exército alemão na invasão à União Soviética em 1941.

Emanuel Ringelblum. Historiador judeu-polonês (1900-1944). Preparou um grande trabalho de documentação da ocupação nazista na Polônia. Seus registros servem como testemunho da tragédia judaica na Polônia ocupada. Fez parte do movimento clandestino judeu-sionista contra a ocupação nazi. Foi assassinado pela Gestapo em março de 1944.

Estado de Bem-estar Social. Forma específica de organização do Estado capitalista, decorrente da Crise de 1929, que revisa os preceitos econômicos do liberalismo, incluindo na agenda capitalista elementos de assistência social e de intervenção do Estado na economia.

Estado Socialista Soviético. Estado que emerge com a Revolução Socialista de 1917, na Rússia, baseado na propriedade coletiva dos meios de produção.

Fascismo. Regime político que se espalha pela Europa no período entreguerras, baseado no totalitarismo, no unipartidarismo, no culto ao líder e na submissão do indivíduo ao Estado.

Fascismo alemão. O fascismo alemão é conhecido como o nazismo, em alusão ao Partido Nacional Socialista dos Trabalhadores Alemães, liderado por Hitler.

Genocídio. Consiste na destruição total ou parcial de um grupo nacional, étnico, racial ou religioso. Pode-se falar, por exemplo, de um genocídio de povos indígenas no Brasil.

Grande Depressão. Situação gerada pela Crise de 1929, desemprego, inflação e diminuição do ritmo do crescimento econômico.

Guernica. Cidade espanhola destruída pela aviação nazista, que inspirou a tela do artista espanhol Pablo Picasso.

Homofobia. Atitudes ou sentimentos pejorativos em relação aos homossexuais, que consistem em demonstração de preconceito ou aversão, na forma da violência física ou verbal.

Igualdade social. Bandeira do socialismo, que pretende complementar a igualdade jurídica conquistada desde a Revolução Francesa.

Internacionalismo proletário. Princípio defendido por Karl Marx e Friedrich Engels, no *Manifesto comunista*, de 1848, baseado na unidade de todos os trabalhadores do mundo na luta contra o capitalismo.

Janush Korczak. Pedagogo judeu polonês, famoso por suas teorias sobre educação para crianças, responsável por cuidar de um orfanato com 200 crianças no Gueto de Varsóvia. Assassinado junto com suas crianças em Treblinka, em julho de 1942.

Juderate. Conselhos de judeus organizados pelos alemães quando ocupavam alguma comunidade judaica. Eram responsáveis por distribuir os precários alimentos, moradias, cuidados médicos e trabalhos. Foram criados como forma de organizar essas comunidades

Leis de Nuremberg. Leis criadas em 1935, na Alemanha, que retiravam os direitos civis dos judeus.

Luiz Martins de Souza Dantas. Diplomata brasileiro. Sob o ofício de missão diplomática brasileira na França, concedeu vistos a vários judeus e outras minorias perseguidas.

New Deal. Política econômica implantada nos Estados Unidos por Franklin Delano Roosevelt, baseada em uma intervenção do Estado na economia e na sociedade, como resposta à Crise de 1929.

Noite dos Cristais. *Pogrom* organizado pelos nazistas na Alemanha e na Áustria na noite de 9 de novembro de 1938. Cerca de 30 mil judeus foram levados a campos de concentração, 91 foram assassinados.

Oneg Shabat **(Prazer do Shabat).** Grupo organizado pelo historiador Emanuel Ringenblum com o objetivo de preservar o máximo de documentos sobre o domínio nazista na Polônia.

Oskar Schindler. Empresário nascido na Morávia, República Tcheca, célebre por ter salvo a vida de 1.200 trabalhadores judeus durante a Segunda Guerra.

Pangermanismo. Ideal defendido pelos alemães, na tentativa de criação de um sentimento nacional nos povos germânicos e a constituição de uma nação que os agrupasse.

Partisans. Grupos combatentes de guerrilheiros que operavam no território sob ocupação inimiga.

Pogrom. Ataque violento a pessoas e propriedades. O termo se tornou famoso durante os ataques organizados contra comunidades judaicas na Rússia tzarista.

Protocolos dos Sábios de Sião. Livro organizado pela Polícia Secreta Russa, no qual supostamente um grupo de sábios judeus planeja a dominação do mundo.

Raça ariana. Teoria do século XIX, segundo a qual se supunha que determinados povos da Europa seriam descendentes de um antigo povo ariano. Na perspectiva da teoria racista, seria um povo superior, tendo, assim, o direito de dominar os demais.

Reischstag. É o Parlamento Alemão, na época da República de Weimar e em outras épocas da história alemã. O prédio, também chamado de Reischstag, foi incendiado em 1933, o que serviu de elemento político para o fortalecimento do poder pelos nazistas, uma vez que os comunistas foram acusados pelo incêndio.

República de Weimar. Forma assumida pelo Estado alemão após a derrota na Primeira Guerra Mundial. República democrática e liberal, criticada por ter assinado o acordo considerado vergonhoso e humilhante para a sociedade alemã.

SA (*Sturmabteilugen*). Grupos de choque do Partido Nacional-Socialista (Nazi). Liderados por Ernst Rohm (1887-1934), foram extintos em 1934, sendo incorporados às SS.

Sexista. É uma forma de discriminação, que consiste na marginalização ou mesmo na exclusão de pessoas ou grupos com base em seu sexo.

Shoah. Termo utilizado para designar o Holocausto judaico.

Socialismo. Modo de produção baseado na propriedade coletiva dos meios de produção. Ideologia política que se contrapõe ao capitalismo.

Sociedade liberal. Sociedade baseada nos princípios do liberalismo e na Declaração Universal dos Direitos do Homem e do Cidadão. Compreende a liberdade jurídica de todos os cidadãos.

Solução Final. Decisão tomada pela Alemanha em 1942 para o extermínio do povo judeu.

SS (*Schutzstaffel*). Tropas de elite do Partido Nazista, criadas para proteger Hitler. Essa força seguia fielmente a ideologia nazista. Cresceu sob a direção de Heinrich Himmler, tornando-se uma força importante dentro do regime nazista.

Totalitarismo. Característica de governos ditatoriais, que concentram o poder no Estado e na figura de um líder.

Tratado de Versalhes. Tratado imposto à Alemanha como resultado da Primeira Guerra Mundial, em 1919. Conhecido como a Paz dos Vencedores, o referido tratado impunha uma série de punições à Alemanha.

Tribunal de Nuremberg. Começou a funcionar em novembro de 1945, na cidade de mesmo nome, na Baviera, que foi sede do Partido Nacional-Socialista. Estados Unidos, URSS, França e Inglaterra estavam representados nesse julgamento, que visava analisar os seguintes delitos: conspiração contra a paz, crimes contra a paz, crimes de guerra e crimes contra a humanidade.

Filmografia

Amen
Costa Gavras
França, Romênia, Alemanha
2001

Kurt Gerstein é um oficial do Terceiro Reich que trabalhou na elaboração do Zyklon B, gás mortífero originalmente desenvolvido para a matança de animais, mas usado para exterminar milhares de judeus durante a Segunda Guerra Mundial. Gerstein se revolta com o que testemunha e tenta informar os aliados sobre as atrocidades nos campos de concentração. Católico, busca chamar a atenção do Vaticano, mas suas denúncias são ignoradas pelo alto clero. Apenas um jovem jesuíta lhe dá ouvidos e o ajuda a organizar uma campanha para que o Papa quebre o silêncio e se manifeste contra as violências ocorridas em nome de uma suposta supremacia racial.

Amistad
Steven Spielberg
Estados Unidos
1997

Costa de Cuba, 1839. Dezenas de escravos negros se libertam das correntes e assumem o comando do navio negreiro La Amistad. Eles sonham retornar para a África, mas desconhecem navegação e se veem obrigados a confiar em dois tripulantes sobreviventes, que os enganam e fazem com que, após dois meses navegando desordenadamente, cheguem à costa de Connecticut e sejam capturados por um navio norte-americano. Os africanos são inicialmente julgados pelo assassinato da tripulação. O caso toma vulto, e o presidente norte-americano Martin Van Buren, que sonha ser reeleito, tenta a condenação dos escravos, o que agradaria aos estados do sul e também fortaleceria os laços entre Estados Unidos e Espanha, pois a jovem Rainha Isabella II alega que tanto os escravos quanto o navio são seus e devem ser devolvidos. Os abolicionistas vencem, mas o governo apela e a causa chega à Suprema Corte Americana. Tal quadro faz o ex-presidente John Quincy Adams, um abolicionista não assumido, sair de sua aposentadoria voluntária para defender os africanos.

Arquitetura da destruição (*Undergångens Arkitektur*)
Peter Cohen
Suécia
1989

O filme de Peter Cohen lembra que chamar a Hitler de artista medíocre não elimina os estragos provocados por sua estratégia de conquista universal. O veio artístico do arquiteto da destruição tinha grandes pretensões e queria dar uma dimensão absoluta à sua megalomania. Hitler queria ser o senhor do universo, sem descuidar de nenhum detalhe da coreografia que levava as massas à histeria coletiva a cada demonstração. O nazismo tinha como um de seus princípios fundamentais a missão de embelezar o mundo. Nem que, para isso, tivesse de destruir todo o mundo.

Ato de liberdade, Um (*Defiance*)
Edward Zwick
Estados Unidos
2008

A história se passa em 1941. Tuvia, Zus e Asael são irmãos que, ao fugir da perseguição nazista aos judeus, se escondem em uma floresta que conhecem desde a infância. De início eles apenas pensam em sobreviver, mas, à medida que notícias sobre seus atos de bravura se espalham, diversas pessoas passam a procurá-los em busca de liberdade.

Bent
Sean Mathias
Reino Unido
1997

Clive Owen interpreta um *gay* levado a um campo de concentração e que tenta esconder sua homossexualidade usando uma estrela amarela, que era a forma de identificar judeus, em vez do triângulo rosa usado para marcar os homossexuais. Lá ele se apaixona por Horst, um prisioneiro que usa com orgulho seu triângulo rosa.

Botas de aço (*Steel toes*)
Mark Adam
David Gow
Canadá
2006

Danny Dunkleman, um advogado judeu liberal, é designado pelo tribunal para representar Mike Downey, um *skinhead* neonazista julgado pelo assassinato de um imigrante indiano por motivações raciais. Ao longo da trama, o espectador é envolvido pela tensa e tumultuada relação que se desenvolve entre esses dois homens e as enormes diferenças entre suas respectivas formas de pensar, agir e sentir. *Botas de aço* é uma intensa viagem pelas zonas mais obscuras da mente e do coração do *skinhead* Mike e das dificuldades do advogado humanista em superar seus próprios preconceitos para defender seu cliente. Mais do que um filme para entreter, é uma provocadora exploração da inescapável e pérfida presença da intolerância religiosa e racial na sociedade.

Cabaret
Bob Fosse
Estados Unidos
1972

Berlim no início da década de 1930. O nazismo ascendia em velocidade impressionante, mas a grande maioria das pessoas ainda não tinha noção do terrível poder que aquela força política teria em um futuro bem próximo. Sally Bowles, uma sonhadora jovem norte-americana que canta no cabaré Kit Kat se apaixona por Brian Roberts, um escritor bissexual. Ambos se envolvem com Maximillian von Heune, um nobre alemão. Quando Sally fica grávida, Brian a pede em casamento e declara não se importar com a paternidade da criança. Mas o futuro lhes reserva outro destino.

Chave de Sarah, A (*Elle s'appelait Sarah*)
Gilles Paquet-Brenner
França
2011

Em 1942, durante a ocupação alemã na França, na Segunda Guerra Mundial, Sarah Starzynski é uma jovem judia que vive em Paris com os pais e o irmão caçula, Michel. Eles são expulsos do apartamento em que moram por soldados nazistas que os levam até um campo de concentração. Na intenção de salvar Michel, Sarah o tranca dentro de um armário escondido na parede de seu quarto e pede que ele não saia de lá até que ela retorne. A situação faz com que Sarah tente a todo custo retornar para casa, no intuito de salvar o irmão. Décadas depois, a jornalista Julia Jarmond é encarregada de preparar uma reportagem sobre o período em que Paris esteve dominada pelos nazistas. Ao investigar sobre o assunto, encontra um elo entre sua família e a história de Sarah.

Cinzas da guerra (*The grey zone*)
Tim Blake Nelson
Estados Unidos
2001

Miklos Nyiszli é um judeu que foi escolhido por Josef Mengele para trabalhar como patologista no campo de concentração de Auchswitz, em plena Segunda Guerra Mundial. Nyiszli vive com o dilema de ajudar a exterminar seu próprio povo ou garantir mais algum tempo de vida para si, que ele mesmo não sabe quanto será. Assim como ele, existem diversos outros judeus, que foram os *Sonderkommandos*, que pretendem se rebelar contra os nazistas. Até que, quando o motim está prestes a começar, eles descobrem uma garota de 14 anos que inexplicavelmente sobreviveu à câmara de gás.

Diário de Anne Frank, O (*The diary of Anne Frank*)
George Stevens
Estados Unidos
1959

O diário de uma garota de 13 anos escrito durante a Segunda Guerra Mundial foi uma das provas mais concretas do temor pelo qual passaram os judeus naquela época. Anne Frank e sua família se esconderam durante dois anos com medo de serem levados a um campo de concentração. Sua última frase foi escrita em 1º de agosto de 1944. Três dias depois, os alemães prenderam toda a família. Anne morreu de tifo em março de 1945, em um campo de concentração.

200 crianças do Dr. Korczak, As (*Dr. Korczak*)
Andrzej Wajda
Polônia
1990

O filme acompanha a história do pediatra e educador polonês Janusz Korczak, que manteve um orfanato de crianças judias, conhecido como "República de Crianças", durante a primeira metade do século XX. Nesse orfanato, no Gueto de Varsóvia, Korczak fornece abrigo para 200 crianças e coloca seus métodos educativos experimentais em prática, instalando uma espécie de autogoverno das crianças. O filme mostra o contraste da justiça que acontecia dentro do orfanato com as injustiças ocorridas fora dele, com dezenas de crianças morrendo. O filme vai mostrando a trajetória do educador e sua heroica dedicação para proteger órfãos judeus durante a guerra.

Escritores da liberdade (*Freedom writers*)
Richard Lagravenese
Estados Unidos
2007

Baseado em fatos reais. Quando vai parar em uma escola corrompida pela violência e pela tensão racial, a professora Erin Gruwell combate um sistema deficiente, lutando para que a sala de aula faça a diferença na vida dos estudantes. Assim, contando suas próprias histórias e ouvindo as dos outros, uma turma de adolescentes supostamente indomáveis vai descobrir o poder da tolerância, recuperar suas vidas desfeitas e mudar seu mundo.

Falsários, Os (*The counterfeiters*)
Stefan Ruzowitzky
Áustria/Alemanha
2007

A história real da maior operação de falsificação de todos os tempos, promovida pelos nazistas em 1936. Em Berlim, o judeu Salomon Sally Sorowitsch é conhecido como o rei da falsificação. Mas sua fase de sorte termina quando é preso por Friedrich Herzog. Levado para o campo de concentração Mauthausen, Salomon mostra suas habilidades e é transferido para Sachsenhausen. Lá, encontra Herzog, que o coloca em uma missão secreta. Salomon e um grupo de profissionais são forçados a produzir milhares de notas de dinheiro falso. Chamada de Operação Bernhard, o dinheiro seria utilizado para financiar a guerra e supostamente melhorar a economia alemã.

Filhos da guerra (*Europa Europa*)
Agnieszka Holland
Alemanha/França/Polônia
1990

História baseada em fatos reais, apresenta Solomon Perel, um jovem que sobrevive ao Holocausto, escondendo sua identidade judaica e, paradoxalmente, encontrando refúgio junto à Juventude Hitlerista. Sua trajetória começa quando sua família, alemã de origem judaica, é perseguida pelos nazistas e se refugia em Lodz, na Polônia. Com a invasão, Perel consegue fugir levando seu irmão, mas acaba se perdendo dele e buscando refúgio entre os bolcheviques. Depois, é transferido para um orfanato na região leste da Polônia, sendo capturado pelos nazistas. Sua única alternativa é se alinhar ao exército de Hitler e, para isso, tem de esconder sua verdadeira identidade.

Grande ditador, O (*The great dictator*)
Charlie Chaplin
Estados Unidos
1940

Adenoid Hynkel assume o governo de Tomainia. Ele acredita em uma nação puramente ariana e passa a discriminar os judeus locais. Essa situação é desconhecida por um barbeiro judeu que está hospitalizado devido à participação em uma batalha na Primeira Guerra Mundial. Ele recebe alta, mesmo sofrendo de amnésia sobre o que aconteceu na guerra. Por ser judeu, passa a ser perseguido e precisa viver no gueto. Lá conhece a lavadora Hannah, por quem se apaixona. A vida dos judeus é monitorada pela guarda de Hynkel, que tem planos de dominar o mundo. Seu próximo passo é invadir Osterlich, um país vizinho, e, para tanto, negocia um acordo com Benzino Napaloni, ditador da Bacteria.

Holocausto

Minissérie norte-americana que teve o mérito de levar ao grande público as histórias do Holocausto. Em um período que se estende de 1935 a 1945, a minissérie acompanha a trajetória dos Weiss, família judia que se torna vítima da política de extermínio nazista na Alemanha; e de Erik Dorf, auxiliar do infame carrasco nazista Reinhard Heydrich.

Homem bom, Um (*Good*)
Vicente Amorim
Estados Unidos
2008

Trata-se da história de conscientização de um homem ingênuo, cuja benevolência o leva, sem querer, a cometer atos discutíveis (descartar imperiosamente a esposa pela orientanda mais nova e bonitinha), graves (abandonar, por força dos acontecimentos, a mãe senil em uma casa vazia) e medonhos (trabalhar para os nazistas). Assim, o escritor e professor John Halder, grande idealista e humanista, escreve um livro que defende a eutanásia para um personagem em sofrimento extremo à porta da morte, obra que o faz cair nas graças da cúpula de Hitler, que vê em sua articulação uma habilidade útil para narrar os intentos do governo nacional-socialista. De bom homem, Halder torna-se um bom nazista. Viggo Mortensen traz em sua imagem um interessante registro no olhar parvo com que compõe esse personagem, que teima em não enxergar as evidências, deixando um amigo judeu à mercê da SS para, apenas no final, tomar consciência dos acontecimentos que ocorriam a metros de seu nariz.

Homem do prego, O (*The Pawnbroker*)
Sidney Lumet
Estados Unidos
1964

Sol Nazerman é um sobrevivente do Holocausto nazista que vive como operador de uma casa de penhores em Nova York. Ainda sob o trauma da guerra, tem lembranças constantes de seus terríveis momentos no campo de concentração. Esse foi um dos primeiros filmes produzidos a tratar do tema dos sobreviventes do Holocausto na Alemanha de Hitler.

Hotel Ruanda (*Hotel Rwanda*)
Terry George
Reino Unido, África do Sul, Itália
2004

Em 1994 um conflito político em Ruanda levou à morte quase um milhão de pessoas em apenas cem dias. Sem apoio dos demais países, os ruandenses tiveram de buscar saídas em seu próprio cotidiano para sobreviver. Uma delas foi oferecida por Paul Rusesabagina, que era gerente do hotel Milles Collines, localizado na capital do país. Contando apenas com sua coragem, Paul abrigou no hotel mais de 1.200 pessoas durante o conflito.

Julgamento em Nuremberg (*Judgement at Nuremberg*)
Stanley Kramer
Estados Unidos
1961

Haviam se passado três anos desde que os mais importantes líderes nazistas tinham sido julgados em Nuremberg. Dan Haywwod, um juiz aposentado norte-americano, tem uma árdua tarefa, pois preside o julgamento de quatro juízes que usaram seus cargos para permitir e legalizar as atrocidades nazistas contra o povo judeu durante a Segunda Guerra Mundial. À medida que surgem no tribunal as provas de esterilização e assassinato, a pressão política é enorme, pois a Guerra Fria está chegando e ninguém quer mais julgamentos como os da Alemanha. Além disso, os governos aliados querem esquecer o passado. A atitude certa que se deve tomar é a questão que esse tribunal tentará responder.

Julgamento de Nuremberg, O (*Nuremberg*)
Yves Simoneau
Canadá/Estados Unidos
2000

Com o fim da Segunda Guerra Mundial, os países aliados reuniram-se em Nuremberg, na Alemanha, para decidir o destino de oficiais nazistas, julgados por bárbaros crimes cometidos nos campos de concentração, em nome da loucura do III Reich. Entre eles está o notório Hermann Goering. Com os ombros pesados pela responsabilidade e todos os olhos do mundo voltados para aquela corte, o promotor Robert Jackson questiona os direitos dos acusados. É como fazer valer a justiça no mais importante julgamento da história. Com ricos detalhes sobre o julgamento de Nuremberg, esse filme manteve-se fiel até às transcrições das fitas gravadas na corte, aqui também reproduzidas fielmente. Todo o drama e dilema dos acusadores foram minuciosamente recriados nessa produção inquestionavelmente perfeita.

Leitor, O (*The reader*)
Stephen Daldry
Estados Unidos/Alemanha
2008

Na Alemanha pós-Segunda Guerra Mundial, o adolescente Michael Berg se envolve, por acaso, com Hanna Schmitz, uma mulher que tem o dobro de sua idade. Apesar das diferenças de classe, os dois se apaixonam e vivem uma bonita história de amor. Um dia Hanna desaparece misteriosamente. Oito anos se passam e Berg, então um interessado estudante de Direito, se surpreende ao reencontrar seu passado de adolescente ao acompanhar um polêmico julgamento por crimes de guerra cometidos pelos nazistas.

Lista de Schindler, A (*Schindler's list*)
Steven Spielberg
Estados Unidos
1993

O filme conta a história real de Oskar Schindler, um industrial alemão que negociava com os nazistas a utilização de trabalhadores judeus em sua fábrica, poupando-os de serem levados para os campos de concentração.

Noite e neblina (*Nuit et brouillard*)
Alain Resnais
França
1955

Um dos mais importantes documentos da história do cinema, realizado, em 1955, a partir de um convite do Comitê da História da Segunda Guerra ao cineasta Alain Resnais, para comemorar o aniversário de libertação dos campos de concentração. As imagens, ora coloridas, ora em preto e branco, foram as primeiras que tangibilizaram o Holocausto, chocando o mundo.

Onda, A (*The wave*)
Alex Grasshoff
Estados Unidos
1981

O professor de história Burt Ross está explicando a seus alunos a atmosfera da Alemanha em 1930, a ascensão e o genocídio nazistas. Os questionamentos dos alunos o levam a realizar uma arriscada experiência pedagógica que consiste em reproduzir na sala de aula alguns clichês do nazismo. Baseado em fatos reais.

Onda, A (*Die welle*)
Dennis Gansel
Alemanha
2008

Baseado em uma história real, passa-se em uma escola de uma cidade na Alemanha. Logo na primeira cena é apresentado o personagem central da história: um jovem professor, motivado, formado em Ciências Políticas e Educação Física, com um casamento saudável e boas relações em seu ambiente de trabalho. O professor é informado pela coordenadora da escola que irá ministrar um curso sobre autocracia aos alunos e mostra seu descontentamento com a notícia, pois seu desejo era dar o curso sobre anarquia – tema pelo qual tem interesse pessoal. O projeto, com duração de uma semana, tem a finalidade de mostrar aos alunos as virtudes da democracia.

Outra história americana, A (*American history X*)
Tony Kaye
Estados Unidos
1998

Derek busca vazão para suas agruras tornando-se líder de uma gangue de racistas. A violência o leva a um assassinato, e ele é condenado pelo crime. Três anos mais tarde, Derek sai da prisão e tem de convencer seu irmão, que está prestes a assumir a liderança do grupo, a não trilhar o mesmo caminho.

Ovo da serpente, O (*The serpent's egg*)
Ingmar Bergman
Alemanha/Estados Unidos
1977

Berlim, novembro de 1923. Abel Rosenberg é um trapezista judeu desempregado que descobriu recentemente que seu irmão, Max, se suicidou. Logo ele encontra Manuela, sua cunhada. Juntos eles sobrevivem com dificuldade à violenta recessão econômica pela qual o país passa. Sem compreender as transformações políticas em andamento, eles aceitam trabalhar em uma clínica clandestina que realiza experiências em seres humanos.

Pianista, O (*The pianist*)
Roman Polanski
França, Reino Unido, Alemanha, Polônia
2002

O pianista polonês Wladyslaw Szpilman interpretava peças clássicas em uma rádio de Varsóvia quando as primeiras bombas caíram sobre a cidade, em 1939. Com a invasão alemã e o início da Segunda Guerra Mundial, começaram também restrições aos judeus poloneses pelos nazistas. Inspirado nas memórias do pianista, o filme mostra o surgimento do Gueto de Varsóvia, quando os alemães construíram muros para encerrar os judeus em algumas áreas, e acompanha a perseguição que levou à captura e ao envio da família de Szpilman para os campos de concentração. Wladyslaw é o único que consegue fugir e é obrigado a se refugiar em prédios abandonados espalhados pela cidade até que o pesadelo da guerra acabe.

Queda, A: as últimas horas de Hitler (*Dowfall*)
Oliver Hirschbiegel
Alemanha
2004

O filme não fala necessariamente do Holocausto, mas mostra o suicídio de quem o liderou. *A queda* revela um pouco da personalidade de Adolf Hitler, que persegue seus objetivos cegamente, e alguns de seus seguidores. O foco principal são os últimos 10 dias do ditador, visivelmente alterado, em um *bunker* de Berlim. Assim como o *fuhrer*, muitos nazistas cometeram suicídio quando souberam que haviam perdido a guerra, com a chegada dos soviéticos à capital alemã.

Refúgio secreto, O (*The Hiding Place*)
James F. Collier
Estados Unidos
1975

O filme conta a história real de uma família cristã holandesa que decide esconder judeus e membros da resistência em um pequeno esconderijo em sua casa, na cidade de Haarlem, até serem descobertos e levados a um campo de concentração.

Shoah
Claude Lanzmann
França
1985

Dirigido por Claude Lanzmann, *Shoah* é um documentário sobre o Holocausto feito sem a utilização de uma única imagem de arquivo. Original de 1965, o filme foi relançado em 2012. O documentário apresenta depoimentos de sobreviventes de Chelmno, dos campos de Auschwitz, Treblinka e Sobibor, e do Gueto de Varsóvia, bem como entrevistas com ex-oficiais nazistas e maquinistas que conduziam os trens da morte. Esses documentos foram registrados com a colaboração de três intérpretes – Barbara Janicka, Francine Kaufman e a senhora Apfelbaum. O resultado dessas conversas é um retrato do genocídio nazista.

Trem da vida, O (*Train de vie*)
Radu Mihaileanu
França
1998

Mostra a trajetória de moradores de uma aldeia judia do Leste Europeu que, ao saberem da aproximação dos nazistas, fogem de trem para a Rússia. Para passarem despercebidos pelos alemães, fingem que foram capturados pelo exército de Hitler e estão a caminho de um campo de concentração. A bordo, há os capturados, os oficiais da SS disfarçados, a tripulação. A farsa se transforma em cruel realidade quando os passageiros começam a se comportar como os personagens que interpretam.

Vida é bela, A (*La vita è bella*)
Roberto Benigni
Itália
1999

Na Itália, durante a Segunda Guerra Mundial, Guido, um judeu, é mandado para um campo de concentração, juntamente com seu filho, o pequeno Giosuè. Guido é um homem simples, inteligente, espirituoso e possui um grande humor. Por ser um pai amoroso, consegue fazer com que seu filho acredite que ambos estão participando de um jogo, sem que o menino perceba o horror em que estão inseridos.

Vida secreta das palavras, A (*La vida secreta de las palavras*)
Isabel Coixet
Estados Unidos/ Espanha
2004

Hannah tem 30 anos, é introvertida, solitária, misteriosa e trabalha em uma indústria têxtil. Ela vai passar as férias em um pequeno povoado costeiro, em frente a uma plataforma petrolífera. Um incidente faz com que ela permaneça alguns dias na plataforma cuidando de Josef, que sofreu uma série de queimaduras que o deixaram cego temporariamente. Com ele trabalham vários outros homens, cada um com uma personalidade marcante.

Referências

ALY, G. *La utopia nazi*: como Hitler compro a lós alemanes. Barcelona: Crítica, 2006.

ARENDT, H. *Eichmann em Jerusalém*: um relato sobre a banalidade do mal. São Paulo: Companhia das Letras, 1999.

ARENDT, H. *Origens do totalitarismo*: anti-semitismo, imperialismo e totalitarismo. São Paulo: Companhia das Letras, 1989.

BAUMAN, Z. *Modernidade e Holocausto*. Rio de Janeiro: Jorge Zahar, 1998.

BROWNING, C. *Aquellos hombres grises*. Barcelona: Edhasa, 2002.

CARNEIRO, M. L. T. *O anti-semitismo na Era Vargas*: fantasmas de uma geração. 3. ed. ampl. São Paulo: Perspectiva, 2001.

CARNEIRO, M. L. T. *Holocausto*: crime contra a humanidade. São Paulo: Ática, 2000.

CASTRO, N. A. P. de (Org.). *Cinema e Segunda Guerra*. Porto Alegre: FAURGS, 1999.

CYTRYNOWICZ, R. *Memória da barbárie*: história do genocídio dos judeus na Segunda Guerra Mundial. São Paulo: Nova Stella, 1990.

DOMINGOS, C. S. M.; MACIEL, T. Quando a última trincheira é o livro: a sociedade alemã durante o nazismo em "Terror e miséria no III Reich". *MÉTIS: História & Cultura*, v. 8, n. 15, p. 83-101, jan./jun. 2009.

ENCICLOPEDIA DEL HOLOCAUSTO. Israel: Yad Vashem, 2004.

FAUSTO, B. *História do Brasil*. São Paulo: USP, 2012.

FINKELSTEIN, N. G. *A indústria do Holocausto*. São Paulo: Record, 2001.

FRANK, A. *O diário de Anne Frank*. Rio de Janeiro: Record, 2002.

FRANKL, V. E. *Em busca de sentido*: um psicólogo no campo de concentração. São Leopoldo: Sinodal; Petrópolis: Vozes, 2008.

FUCIK, J.; ALLEG, H.; SERGE, V. *A hora obscura*: testemunhos de repressão política. São Paulo: Expressão Popular, 2001.

GUTMAN, I. *Holocausto y memoria*. Jerusalén: Yad Vashem, 2003.

HACKETT, D. A. (Org.). *O relatório Buchenwald*. Rio de Janeiro: Record, 1998.

HART, M. A sociedade mundial de controle. In: ALLIEZ, E. (Org.). *Gilles Deleuze*: uma vida filosófica. Rio de Janeiro: 34, 2000. p. 357-372.

HOBSBAWM, E. *Era dos extremos*: o breve século XX. São Paulo: Companhia da Letras, 1995.

KERSHAW, I. *Hitler*. São Paulo: Companhia das Letras, 2010.

LEVI, P. *É isto um homem?* Rio de Janeiro: Rocco, 1988.

MILMAN, L.; VIZENTINI, P. F. (Org.). *Neonazismo, negacionismo e extremismo político*. Porto Alegre: UFRGS, 2000.

NEGRI, R.; HART, M. *Império*. Rio de Janeiro: Record, 2001.

RHODES, R. *Mestres da morte*: a invenção do holocausto pela SS nazista. Rio de Janeiro: Jorge Zahar, 2003.

SLAVUTZKY, A. *O dever da memória*: o levante do Gueto de Varsóvia. Porto Alegre: AGE, 2003.

SPIEGELMAN, A. *Maus*: a história de um sobrevivente. São Paulo: Companhia das Letras, 2005.

TATELBAUM, I. B. *A través de nuestros ojos*: Los niños testimonian el Holocausto. Jerusalén: Yad Vashem, 2008.

VIDAL-NAQUET, P. *Os assassinos da memória*: o revisionismo na história. Campinas: Papirus, 1988.

VIZENTINI, P. F. *História mundial contemporânea* (1776-1991): da independência dos Estados Unidos ao colapso da União Soviética. 2. ed. rev. atual. Brasília: FUNAG, 2010.

VIZENTINI, P. F. *Segunda Guerra Mundial*: história e relações internacionais, 1931-1945. 3. ed. Porto Alegre: UFRGS, 1989.

Apêndices

Apêndice 1

Boas práticas

Para conhecer algumas valiosas experiências e consultar fontes de pesquisa, acesse:

The March of the Living
A Marcha da Vida é um programa anual que leva estudantes de todo o mundo à Polônia, a fim de estudar a história do Holocausto e examinar as raízes do preconceito, da intolerância e do ódio.

http://motl.org/

Jornadas: Holocausto e Direitos Humanos
A instituição internacional B'nai B'rith desenvolve no Brasil um projeto direcionado a professores visando o estudo e o ensino do Holocausto. A instituição também promove, junto a escolas, visitas de pessoas que narram sua experiência tanto nos campos de concentração como na proteção de judeus e outras minorias durante a Segunda Guerra Mundial.

http://www.bnai-brith.com.br

Federação Israelita do Rio Grande do Sul
Seu *site* disponibiliza importante trabalho desenvolvido pelo Professor Voltaire Schilling: *Holocausto – Das origens do povo judeu ao genocídio nazista*. Esse trabalho é subdividido em capítulos específicos sobre cada tema.

http://firs.org.br/multimidia/artigo/holocausto-das-origens--do-povo-judeu-ao--genocidio-nazista

Apêndice 2

Conheça também

Carta de estudante mineira escrita em 2013 para Anne Frank, vencedora de concurso anual organizado pela Rede de Escolas Anne Frank Brasil.

http://literatortura.com/2013/05/30/garota-escreve-carta-para-anne-frank-em-concurso-nacional-e-brilha-ao-discutir-o-preconceito-2/

Planos de aula disponíveis no *site* da revista *Nova Escola*.

http://revistaescola.abril.com.br/ensino-medio/plano-de-aula-historia-holocausto-737570.shtml

Especial produzido pelo The History Channel retrata a evolução do Holocausto. Percorrendo os arquivos da Europa Oriental, do Museu do Holocausto em Washington e dos laboratórios de restauração do museu Yad Vashem em Israel, conta as histórias de perseguição, roubo e morte, e apresenta relatos de sobreviventes sobre a dura realidade que tiveram de viver.

http://www.seuhistory.com/programas/holocausto-execucao-do-mal.html (Vários *links* disponíveis em www.youtube.com para o vídeo)

Apêndice 3

Literatura infantojuvenil

Seguem algumas dicas de livros que podem ser indicados para aos estudantes.

BOYNE, J. *O menino do pijama listrado*. São Paulo: Companhia das Letras, 2007.

Bruno tem 9 anos e não sabe nada sobre o Holocausto e a Solução Final contra os judeus. Também não faz ideia de que seu país está em guerra com boa parte da Europa, e muito menos de que sua família está envolvida no conflito. Na verdade, Bruno sabe apenas que foi obrigado a abandonar a espaçosa casa em que vivia em Berlim e mudar-se para uma região desolada, onde não tem ninguém para brincar nem nada para fazer. Da janela do quarto, ele pode ver uma cerca, e, para além dela, centenas de pessoas de pijama, que sempre o deixam com um frio na barriga. Em uma de suas andanças, Bruno conhece Shmuel, um garoto do outro lado da cerca que curiosamente nasceu no mesmo dia que ele. Conforme a amizade dos dois se intensifica, Bruno vai aos poucos tentando elucidar o mistério que ronda as atividades de seu pai. *O menino do pijama listrado* pretende ser uma fábula sobre amizade em tempos de guerra e sobre o que acontece quando a inocência é colocada diante de um monstro terrível e inimaginável.

FRANK, A. *O diário de Anne Frank*. 18. ed. Rio de Janeiro: Record, 2003.

Escrito durante a Segunda Guerra, enquanto Anne Frank se escondia com a família da perseguição nazista, este diário registra admiravelmente a catástrofe que foi a Segunda Guerra Mundial. É comovente descobrir que, mesmo no contexto tenebroso do nazismo e da guerra, ela viveu problemas e conflitos de uma adolescente de qualquer lugar e tempo. *O diário de Anne Frank* é, ao mesmo tempo, um dos documentos mais duradouros produzidos no século passado e uma narrativa tenra e incomparável, que revela a força indestrutível do espírito humano.

HEUVEL, E. *A busca*. São Paulo: Quadrinhos na Cia, 2009.

Em 1933, Hitler subiu ao poder e iniciou uma caçada implacável aos judeus. Com apenas 16 anos, Esther é bruscamente separada dos pais e refugia-se em uma fazenda no sul da Holanda. Muitos anos depois, em companhia do filho e do neto, ela visita o lugar que lhe serviu de esconderijo e conta, pela primeira vez, as atrocidades que presenciou e viveu durante o Holocausto. Para a protagonista de *A busca*, remexer o passado é uma forma de encerrar esse capítulo de sua história, ao mesmo tempo em que tenta descobrir o que aconteceu a seus pais, amigos e ao homem que arriscou a vida para abrigar dezenas de famílias judias em sua fazenda.

LEVINE, K. *A mala de Hana*: uma história real. 5. ed. São Paulo: Melhoramentos, 2009.

Este livro mostra como era cruel a vida das crianças submetidas ao Holocausto. A história se desenrola em três continentes durante um período de quase 70 anos. Envolve a experiência da garotinha Hana e de sua família na Tchecoslováquia (atual República Tcheca), nas décadas de 1930 e 1940, de uma jovem e um grupo de crianças em Tóquio, no Japão, além de um homem em Toronto, no Canadá, nos dias de hoje.

LOWRY, L. *Um caminho na noite*. Rio de Janeiro: Xenon, [1990].

Por este livro, que aborda temas como ética, amizade, solidariedade e coragem, Lois Lowry recebeu, em 1989, o mais importante prêmio da Literatura Infantojuvenil dos Estados Unidos: a medalha John Newbery. Em 1943, a Dinamarca está ocupada pelos nazistas, que, depois de dominarem o país, passam a perseguir seus opositores e as pessoas consideradas "diferentes". Nesse clima, duas amigas de toda a vida – moram no mesmo prédio, estudam na mesma escola – descobrem que a guerra, que tinha tudo para separá-las, as tornou irmãs.

SPIEGELMAN, A. *Maus*: a história de um sobrevivente. São Paulo: Companhia das Letras, 2005.

Nesse livro em quadrinhos, os judeus são desenhados como ratos e os nazistas ganham feições de gatos; poloneses não judeus são porcos e americanos, cachorros. Esse recurso, aliado à ausência de cor, reflete o espírito do livro – trata-se de um relato que busca evidenciar a brutalidade do Holocausto. Spiegelman, porém, evita o sentimentalismo e interrompe algumas vezes a narrativa para dar espaço a dúvidas e inquietações.

UHLMAN, F. *O reencontro*. São Paulo: Planeta do Brasil, 2003.

Trata-se da história de uma devoção intensa e inocente entre dois jovens amigos que crescem juntos no interior da Alemanha e são separados pela ascensão do nazismo. Para a família de Hans Schwarz, judeu, a perseguição é temporária, passará como "uma doença". Na cômoda da mãe de Konrandin von Hohenfels, seu aristocrático amigo alemão, o retrato de Hitler tem lugar de destaque. Àquela altura da vida, para eles o Holocausto era impensável. Escrito em 1960, não é um livro autobiográfico, embora contenha elementos de vida do autor.

ZUZAC, M. *A menina que roubava livros*. Rio de Janeiro: Intrínseca, 2007.

Ao perceber que a pequena Liesel Meminger, uma ladra de livros, lhe escapa, a Morte afeiçoa-se a ela e rastreia suas pegadas de 1939 a 1943. A mãe comunista, perseguida pelo nazismo, envia Liesel e o irmão para o subúrbio pobre de uma cidade alemã, onde um casal se dispõe a adotá-los por dinheiro. O garoto morre na viagem e é enterrado por um coveiro que deixa cair um livro na neve. Esse é o primeiro de uma série de livros que a menina vai surrupiar ao longo dos anos. O único vínculo com a família é essa obra, que ela ainda não sabe ler. Assombrada por pesadelos, Liesel compensa o medo e a solidão das noites com a convivência do pai adotivo, um pintor de parede bonachão que lhe dá lições de leitura. Alfabetizada sob vistas grossas da madrasta, a menina canaliza urgências para a literatura. Em tempos de livros incendiados, ela os furta, ou os lê na biblioteca do prefeito da cidade. A vida ao redor é a pseudorrealidade criada em torno do culto a Hitler na Segunda Guerra. Ela assiste à eufórica celebração do aniversário do Führer pela vizinhança. Teme a dona da loja da esquina, colaboradora do Terceiro Reich. Faz amizade com um garoto obrigado a integrar a Juventude Hitlerista. E ajuda o pai a esconder no porão um judeu que escreve livros artesanais para contar a sua parte naquela história.